JN437852

나는

바람

이었습니다

시 산곡 **박영택**

나는 바람이었습니다

초판 인쇄 | 2016년 1월 10일
초판 발행 | 2016년 1월 15일

지은이 | 박영택
펴낸이 | 김경옥
편집 | 류요한
펴낸곳 | 도서출판 온북스
등록번호 | 제 312-2003-000042호
등록년월일 | 2003년 8월 14일
전화 | 02)2273-4602
팩스 | 02)2274-4602

ISBN 978-89-92364-47-8 03810

지중해 구름 사진. 카프리 섬에서 촬영

나는 바람이었습니다

시 산곡 박영택

온북스
ONBOOKS

책머리에

나이 70세가 넘어서 시집을 내리라고는 상상도 못했습니다. 늦깎이로 시단에 등단하여 시를 쓸 때마다 용기를 주신 前 강남대학교 교수 간복균 박사님과 또 이런 저런 시를 쓰라며 주문을 하신 안승춘 월남전참전전우(라이온스 예공클럽회장)와 국제문예 발행인 배용파 시인님의 격려가 많은 힘이 되었습니다.

한 때는 목회자를 꿈꾸고 신학을 공부했으나 끝내 목회자의 꿈은 이루지 못하고 하나님을 찬양하고 이웃을 사랑하며 자연을 노래하면서 敬天愛人의 마음으로 한두 편씩 쓴 시를 모아 사진과 함께 시집으로 꾸며보았습니다.

사진은 여행 때 찍은 사진들로 작품성은 없으나 시의 현장감과 사실감을 더하기 위해서 함께 실었습니다.

시를 전공하거나 전문가의 지도를 받아 본 적이 없었기에 늘 시에 대한 이해가 부족하여 깊은 내면에서부터 목말라 했습니다. 지나온 일들을 생각할 때면 주마등처럼 떠오르는 언어의 조각들을 퍼즐 맞추듯 맞추어 보지만 항상 어딘가 부족한 마음이 앞서 내놓기가 부끄러웠습니다.

그 때마다 용기를 준 가족들이 고마웠고, 귀여운 손자들, 가족들이 시의 대상이 되기도 했습니다. 아내와 아들, 딸, 며느리, 사위를 비롯해 지켜봐준 친구들과 특별히 교회 담임목사님과 동료 친구 목사님들께 감사를 드리고 여기까지 인도해주신 하나님께 찬양과 영광을 돌립니다.

2015. 가을
관악산 문성골에서 산곡 박 영 택

차례

2 카프리 섬에서

3 그대 따뜻한 손만 잡고 있어도

4 물 속에 빠진 달

5 한강

6 아! 통일의 그 날에!

1

양화진의 별들

양화진의 별들

예수님의 웃음

절두산 성지

어느 무쇠종의 회상

기도의 힘

아침햇살 수련원에서

그리스도의 흔적을 간직한 교회

나눔의 동산

계명성

십자가의 소리 1

피에타

긴 침묵

부활의 소리

양화진의 별들

(선교사의 묘지)

어둠 속에 깊이 잠든 나라
그 누가 불러서 왔는가?
십자가의 道가 죽음의 길인 것을
듣도 보도 못한 나라에
한 알의 씨앗으로 찾아와
한 생명 뿌리고 한 생명 묻히면서
60배 100배의 결실을 맺었구나.

열강들의 끝없는 外侵(외침) 속에
굳게 잠긴 빗장
가서 전하라는 주님의 명령에
복음으로 열다 못해
생명으로 열었구나.

天刑(문둥병)으로 문드러진
메마른 영혼들을 위한 기도가
하늘에 닿아
부활의 아름다운
별들이 되었네.

靈感(영감)으로 쓴 묘비명
십자가의 돌비(碑石)
500여기의 무덤
조선이 좋아 조선에 살다간
의로운 영혼들의
영원한 안식처이어라.

* **양화진 외국인선교사묘지** : 서울 마포구 합정동 116-7.
한국기독교선교기념관(100주년 기념교회) 함께 있음.

예수님의 웃음

예수님의 활짝 웃으시는 그림을 보면서
과연 예수님은 언제 저렇게 웃으셨을까 생각해본다.
'성경' 어디에도
예수님이 웃으셨다는 기록은 못 본 것 같은데
누군가가 예수님의 웃는 모습을 잘도 그렸다.

아마도 삭개오가 주님을 영접했을 때나
베드로가 신앙고백 했을 때 웃었을 것이고
귀신들이 돼지 떼에 들어가
바다에 퐁당퐁당 빠지는 모습에
웃지 않았을까 생각해본다.

또 있지, 처음 이적을 나타냈을 때
물로 만든 포도주를 마시면서
처음 포도주보다 더 맛있다고 좋아하는
잔칫집 하객들의 즐거워하는 모습이다.

그러나 이 모든 일에도
웃으셨다는 기록은 없지만
오늘 내가 내 죄를 회개할 때에
우리 주님은
저 그림처럼 활짝 웃으시지 않을까?

(출처 : 좋은 만남 카렌다)

절두산 성지(切頭山 聖地)

가인의 질투인가
바로의 횡포인가
고요한 이 땅에
복음의 씨앗이 떨어질 때
함께 떨어진
그리스도의 흔적(痕迹)

차꼬에 끌리는 무거운 쇠사슬
망나니의 춤사위에
흔들리는 용수머리
추풍에 낙엽 흩날리듯
사울의 칼바람에
수많은 머리
절벽 아래 떨어지고
검붉은 핏물
江이 되어 흐른다.

머리는 잘라도
믿음은 자를 수 없었던
8천여 성도들의 찬미소리
스데반의 미소 속에
절두산(切頭山)이 부른다.
회개하라
천국이 가까웠다.
예수 속히 믿으시오.

* **절두산 성지** : 서울 마포구 토정로6(합정동 96-1) 소재.
병인박해 때 많은 신자들이 순교를 당한 곳임.

어느 무쇠종의 회상

내 이름은 무쇠로 만들었다고 무쇠종이라 부르고
소리가 천당 천당 한다고 천당종이라고도 했다.
이미 오래 전에 잊혀진 이름이지만
높은 종탑에 갇혀서 녹이 슬고 나날이 노쇠해 가면서도
내 머리 끝에 묶여있는 줄을 당겨줄 사람을 기다린다.

내 선배들은 일제 강점기 시절 일본군에 많이 잡혀갔다.
대동아전쟁에 징집되어 무기로 변신을 했고
차임벨이 들어오면서 많은 동료들이 고철로 팔려들 갔다.
희미한 기억으로 내 나이가 얼마인지 생각도 안 나지만
이북에서 피난온 어느 전도사님이
나를 이곳 시골 자그마한 교회 종탑에 매달았다.

그 날은 시루떡을 만들어 시골 동네에 잔치도 했다.
이후 전도사님이 새벽마다 나의 줄을 당겨 시간을 알렸고
게으른 새벽닭이 내 종소리에 놀라 깨어 울기도 했다.
내 아름다운 종소리는 시골 동네에서 인기가 있었다.
교회에 나오지 않는 사람들도
새벽 4시면 어김없이 들려오는 소리에 하루의 일과를 시작했고

학생들은 일어나 새벽공부를 시작했으며
교인들은 예배당으로 모여들어 기도하기 시작했다.

처음에는 전도사님이, 그 후에는 교회 영수님이
또 그담엔 장로님이 또 어느 때는 믿음 좋은 중학생이
나의 줄을 당겨 아름다운 소리를 내게 했다.
그 학생이 도시로 유학가면서 나와는 헤어졌지만 많이 그리웠다.

그 후 나는 전 재산을 교회에 기부한 어느 권사님께 맡겨졌다가
어느 믿음 좋은 집사님이 맡아 주기도 하셨는데
교인들이 늘어나고 교회가 커지면서 새로 신축할 때에
차임벨이 큰 방을 차지하고 나는 교회 뒤 한적한 곳에 옮겨져
지금까지 뒷방신세를 못 면하고 있다.

차임벨이 이 교회 저 교회에서 동시다발로 소리치자
믿지 아니하는 사람들은 소음공해로 당국에 고발하게 하였고
덩달아 시골 작은 교회에까지 영향을 미쳐 차임벨과 함께
나와 내 동료들까지 아름다운 소리를 감추어야 했다.

이 땅에 기독교 선교와 함께 시작된 나와 동료들의 아름다운 종소리가
선교를 많이 하고 반세기에 걸쳐 기여한 공도 많았는데
전자산업이 발달하면서 차임벨이 들어와 나의 설 곳을 빼앗아가더니
아직도 헐지 않은 높은 종탑에서 옛 추억을 더듬는 뒷방 늙은
이가 되었다.

그때 도시로 유학 간 중학생을 비롯하여 그 후에도 나의 줄을 당겨준
몇몇 학생들이 하나님의 은혜로 다들 성공했다는 소식은 들었다.
전 재산을 기부하셨던 권사님은 교회에서 장례를 치러 드렸고
나의 줄을 당겨준 집사님들이 다 장로로 취임하기도 했다.

이대로 다른 동료들처럼 고철로 팔려가는 것은 아닌지
다행히 이 교회는 재정이 넉넉하고 나를 기억해주는 이들이 많아
쉬 팔려갈 것 같지는 않지만 이들이 하나둘 하늘나라로 가고
나의 진가를 알지 못하는 성도들이 늘어나
나를 고철덩어리로 팔지 않을까 걱정이 된다.

한 동네에 약국이나 병원이 많으면 주일이나 공휴일에
당번제를 정하여 한 약국이나 한 병원이 담당하듯이

교회도 돌아가면서 한 동네를 한 교회가 맡아
아름다운 나의 소리를 다시 들려주면 좋지 않을까?
소음이 아닌 아름다운 소리로 옛 추억을 선사하듯이
한 교회가 차임벨이든 무쇠종이든 정해진 시간에
하나만 조용히 울린다면 아름다운 찬양이 될텐데……

* 2013.11.30 뉴스타임지 게재/
2014.5.20 포항 청하제일교회 100주년 기념문집 게재
2015년 동인지 둥지6호

사진 : 니산 박영완 작

기도의 힘

3년 만에 실시하는 수련회를 앞두고
대난지도로 향한 한 달 전부터 간구한
전교인 속회별 릴레이기도가 있었지만
2014년 봄을 아프게 했던 세월호의 잔영이
많은 빗물은 실은 태풍 나크리* 앞에
여지없이 무너져 대난지도** 행을 포기했다.

남해안을 강타한 태풍 나크리의 진로가
서해안으로 북상중임을 알리는 기상대의 발표에
대난지도에서 아침햇살수련원으로 옮겨졌다.
미리예비하신 듯 가장 성수기인 예정된 날짜에
아름다운 아침햇살수련원이 비어있었다.

8월 4일 아침 관광버스 5대에 200여명이 나누어 타고
충남으로 가야할 버스는 경기도 포천을 향했다.
많은 비가 내리라던 기상대의 관측이 틀렸나?
이슬비가 오다말다 하는 사이에 포천에 도착하였고
오후가 되자 쨍쨍한 여름 날씨로 개이기 시작했다.

어제까지 북상하던 시속 86km의 태풍 나크리는
남해안에 많은 재산과 인명의 피해를 주었고
군산 앞 먼 바다까지 왔다가 소멸되었다.
그동안 전교인들이 합심하여 드린 기도의 힘은
12호 태풍 나크리의 진로를 멈추게 하였고
철원평야 아름다운 농산에서 수련회를 갖게 했다.

* **나크리** : 캄보디아에서 꽃 이름으로 명명한 태풍12호 이름
** **대난지도** : 충남 당진시 청소년 수련원이 있는 섬

아침햇살 수련원에서

뿌연 안개 먼 산 위로 걷히고
아침햇살 묻어나는 뜨락에 서서
하늘 향한 찬양소릴 듣는다.

개구리 산새 매미가 합창을 하고
이름 모를 하얀 꽃잎 사이로
벌 나비 춤을 춘다.

철원평야 넓은 들에
무농약 무공해 초록 벼가 자라고
먹이 찾는 우렁이가족 논바닥을 헤맨다.

작은 그랜드 캐넌 계곡
머언 옛날 임꺽정이 놀던 무대에
강줄기 따라 래프팅 즐기는 젊은이들

공동체 가족들이 찾아와
자연과 벗하며 율동과 노래로
하늘 향한 찬양소리 더 높다.

* **아침햇살 수련원** : 경기도 포천시 관인면 냉정리 339에 있는 교육기관 수련원

그리스도의 흔적을 간직한 교회

(서초중앙교회)

광란의 6.25 전쟁 중에서도
믿음으로 교회를 지켜내신
고 김동식 장로님의 헌신적인 신앙을 기리고자
창세 전부터 예정되었던 이 땅에
복음의 씨앗이 성령의 열매 맺기를 간구했습니다.

황량한 벌판과 무논을 메우고
뽕나무 참나무 무성한 야산을 깎아내려
높은 건물과 아파트단지를 만들 때
주께서 예비하신 반석 위에
주님의 몸 된 교회를 우뚝 세웠습니다.

광야의 40년 세월만큼 지나는 동안
사망의 음침한 골짜기에서
불기둥 구름기둥으로 지켜온 교회
만나와 메추라기 하늘양식으로
날마다 은혜가 풍성한 교회이기를 기도했습니다.

솔로몬의 아름다운 성전을 꿈꾸며
예수님의 흔적을 담은 십자가를 높이 세우고
성전 깊숙한 곳으로부터 생명수가 넘쳐흘러
비록 작은 공간일지라도 예배하는 곳곳이
그리스도의 향기 가득한 성전이기를 소망했습니다.

주님의 십자가를 사랑하고
이사야를 닮은 신실한 주의 종이
기도로 준비한 말씀을 선포할 때
성령의 역사와 기사와 표적이 일어나
날마다 구원받는 숫자가 늘어나기를 간구했습니다.

이제 한 세대가 지나고
다음 세대를 준비하며
서초중앙교회가 서울의 중심이 되고
세계로 향하는 복음의 전진기지가 되도록
날마다 감사의 찬송과 소망의 기도가 끊이지 않는
아름다운 교회가 되기를 기도합니다.

* **서초중앙교회** : 서울 서초구 서초1동 소재 (감리교회)

103

나눔의 동산

나눔의 동산
그 곳은 작은 에덴의 동산입니다.
아기천사로부터 할머니천사에 이르기까지
천사들이 모여 사는 작은 천사마을입니다.

그릿 시냇가의 엘리야가
까마귀들이 날라다 준 떡을 먹고 살았듯이
아침 햇살에 반짝이는 영롱한 이슬 생명수와
까마귀들이 날라다 주는 하늘 양식으로 살아갑니다.

네 것 내 것 없고 나눔만 있는 곳
번뇌와 욕심이 없고 미움과 투기가 없는 곳
사랑가득, 믿음가득, 소망가득,
날마다 찬양하며 하늘 기쁨으로 살아갑니다.

가득한 행복 넘치는 사랑 나눔만 있는 곳
할렐루야 찬양 속에 천사들이 모여 사는
나눔의 동산 그 곳은 에덴동산입니다.
나눔의 동산 그 곳은 아름다운 천국입니다.

* 춘천시 서면 지암리에 나눔의 동산이 있다. 1992년 갈 곳 없는 외로운 할머니 8명을 모셔다가 돌보기 시작하여 지금은 고아와 정신지체장애아까지 50여명이 공동체 생활을 하고 있다. 처음엔 서정자 전도사와 같이 김재숙 전도사님이 공동운영했는데 서정자 전도사님은 고인이 되셨고 김재숙 전도사님이 혼자 맡아 많은 수고와 봉사를 하고 있는 곳이다.

계명성(鷄鳴聲)

(닭 울음 소리)

계명성(啓明星) 반짝이는 이른 새벽
곤한 잠 깨어 일터로 나가게 하던 소리
닭울음소리, 희망의 소리

계명성(啓明星) 반짝이는 이른 새벽
통곡을 하고 또 해도 씻을 수 없는 말 한마디
"내가 그를 알지 못한다."
닭울음소리, 절망의 소리

뼈아픈 후회로 고기 잡으러 나간 호숫가에서
요한의 아들 시몬아!
네가 나를 더 사랑하느냐? 들려오는 소리
닭울음소리, 사랑의 소리

주여!
제가 주를 사랑하는 줄 주께서 아시나이다.
절망에 빠진 베드로에게
내 양을 먹이라! 내양을 치라! 하시는
닭울음소리, 주님의 소리

십자가의 소리 1

내가 처음 본 十字架
앞마당에 그어놓은 十字架
귀신 쫓는 토속신앙의 十字架

내가 처음 만난 十字架
병원 창문에 그려진 十字架
병든 자 치료하는 푸른 十字架

내가 처음 알게 된 十字架
종탑위에 높이 달린 十字架
배고픈 자에게 빵을 주던 나눔의 十字架

내가 처음 찾은 十字架
주님이 지신 형극의 十字架
갈보리산 위에서 흘리신 보혈의 十字架

그 십자가는 눈물의 십자가였고
죽음의 십자가였지만
부활의 십자가였고 생명의 십자가였다.

죄인을 부르시는 십자가
참고 기다리시는 사랑의 십자가
오늘도 그 음성을 듣는다.
십자가의 소리를

피에타(Pieta)

(오! 주여 자비를 베푸소서)

쓰러질 듯 넘어질 듯 비틀거리며
무거운 십자가를 매고 오르는 죽음의 언덕길
애처로운 아들의 뒤를 따라 피할 수만 있다면
이 길을 피하기를 원하는 간절한 기도와 소망

이 땅의 희망이었던 眞理가 죽었다.
세례요한이 외치던 그 길(道)은 끊어지고
그의 生命이 땅에 떨어지는 순간에
'다 이루었노라' 는 한마디의 말과 함께

죽어가는 순간에도 어미를 생각하여
제자에게 네 어머니라며 당부하는 모습에
애간장이 다 녹아내리는 슬픔과
처절한 마음으로 바라보아야만 했던
어미로서의 그 고통은 차마 말 못하고

인류구원이라는 신의 섭리에 따라
십자가에서 끝내 주검으로 돌아온
사랑하는 아들의 시신을 끌어안고
목 놓아 통곡도 할 수도 없었던
성모 마리아의 그 숭고한 사랑

피에타 사진

긴 침묵

33세의 건장한 청년이었던 아들이
무거운 십자가를 지다 못해 쓰러질 때도
아버지는 침묵했습니다.

사랑하는 아들이
무수한 채찍과 조롱과 침 뱉음을 당해도
아버지는 침묵해야 했습니다.

두 강도와 함께 십자가에 못 박힐 때도
가시관을 쓰고 창에 찔릴 때에도
아버지는 침묵을 해야 했습니다.

목말라하는 아들의 부르짖음에도
물과 피를 다 쏟을 때까지
아버지는 침묵할 수밖에 없었습니다.

성소의 휘장이 찢어질 정도로
큰 소리로 부르짖으며
영혼을 부탁하는 아들의 외침에도
아버지는 외면하고 침묵해야 했습니다.

세상의 모든 죄를 다지고
조용히 숨을 거둘 때까지
바라보아야만 했던 아버지의 그 긴 침묵은
십자가의 죽음보다 더 큰 고통의 침묵이었습니다.

부활의 소리

하얀 목련 함박웃음 머금고
개나리 살짝 미소를 짓는 참 좋은 아침입니다.
눈부신 아침햇살
가녀린 꽃잎 사이로 들려오는 바람소리는
헨델의 메시아
"할렐루야"였습니다.

먹구름, 폭풍우 개이면
찬란한 오색 무지개
긴 어두움, 절망,
무덤 속 적막을 깨뜨리고 들려오는 소리
"그는 여기 계시지 않다.
어찌하여 산 자를 죽은 자 가운데서 찾느냐."

최초의 부활소식은
무덤을 찾아온 여인들에게 들려온
환희 기쁨 소망
새 생명의 소리였습니다.

2

카프리 섬에서

望夫石

님의 간절한 소원 외면할 길 없어
머나먼 일본 땅으로
말없이 떠나간 지아비 기다려
치술령 마루에 망부석이 되었네.

볼모의 왕제 귀환시킨 후
일본의 고관대작 마다하고
외로이 죽어 간
만고에 다시없는 충신이어라.

기다려도 오지 않는 그리운 님 찾아
혼백은 새가 되고
육신은 돌이 되어
애절한 열녀의 표상이어라.

돌아올 길 없는 아비,
외로운 어미 따라
죽음 길 택한 두 딸
효녀가문 이루었구나.

충절, 정절, 효심기려
나라에서 내린 삼강문
천년을 이어 온
신라의 영원한 자랑이어라.

경남 울주군 두동면 박제상 기념관 앞에 세워진 삼모녀상

12정려각(12旌閭閣)

대구의 명산 비슬산 아래 현풍 솔례 마을에 가면
12정려각 속에 살아 숨 쉬는 역사가 있다.
한 명의 충신과 여덟 명의 효자와
여섯 명의 열부에게 나라에서 내린 정려 이야기는
옛날이야기가 아닌 현재 진행의 역사이다.

임진왜란이 시작되면서
나라를 지키겠다는 일념으로 황석산성에서
외로이 죽어간 아버지를 위해 두 아들이 죽고
며느리와 딸이 뒤따라 죽어간 충·효·열
일문 삼강(一門 三綱)의 행실은 영원히 살아 숨 쉬고 있다.

피란 중인 굴(窟)속에서 왜적에게 발견된
아버지를 살리기 위해 네 아들이 차례로 죽어간 사건은
적장도 감동하여 4효자지부(四孝子之父) 란 푯말을 써
다른 왜군에 발견되어도 살리게 했다는 이야기는
효자굴(孝子窟)과 함께 4효자문(四孝子門)이 전하고 있다.

어릴 적부터 타고난 효심으로
아버지 3년 상을 어른스럽게 치르고
어머니 상을 당하자 장례서부터 정성어린 효성에
어른들을 감동시킨 이야기가 조정(朝廷)에 전달되어
두 형제, 정려(旌閭)와 함께 별검(別檢)에 증직(贈職)되었네.

왜적을 만나 몸을 더럽힐까 두려워
물에 뛰어 든 광주이씨 이야기와
강도 만난 남편대신 죽어간 밀양박씨 이야기,
안동권씨는 결혼한 지 1년 만에 병든 남편이 세상 뜨자
식음을 전폐하고 목매어 자결하니 열부정려(烈婦旌閭)를 받았고

절명사(絶命詞)의 주인공 효열부(孝烈婦) 전의이씨(全義 李氏)는
어릴 때부터 효경을 읽어 일가친척에 칭송받는 효녀였는데
남편이 일찍 죽어 따라 죽으려 했으나
병든 아버지 때문에 목숨만 겨우 연명하다가
아버지가 별세하자 식음을 전폐하고 따라 죽으니 효열부라
사후(死後)에 가사(歌詞) 한 폭을 발견하니 절명사라 오늘까
지 전해진다.

청백리(淸白吏) 곽안방(郭安邦) 선생 마을에
하나도 아닌 15명이 정려를 받았으니 과히 충효열의 마을이라
전국을 다 다닌다 한들 이런 마을 또 있을까
명장 홍의장군의 전설같은 전쟁이야기와 함께
청사에 길이 빛날 솔례마을 12間 정려각(旌閭閣)은
대니산(戴尼山) 아래서 세세에 살아 충·효·열을 전할 것이다.
충효세업(忠孝世業) 청백가성(淸白家聲)이란 가문(家門)의 문훈(門訓)처럼

* **충신** : 존재공(存齋公) 곽 준(郭 赹) 안음현감, 시호 충렬공
  효자 : 존재공의 두 아들 이상(履常)(贈 戶曹正郎)과 이후(履厚)(贈 工曹正郎)
  열부 : 거창신씨(이상의 처), 포산곽씨(유문호의 처) (존재공의 며느리와 딸)
* **4형제 효자** : 선비 郭再勳의 네 아들, 결(潔)· 청(淸)· 형(泂)· 호(浩)
* **2형제 효자** : 소계(蘇溪)곽 주(郭澍)공의 두 아들, 의창(宜昌)과 유창(愈昌)
  장원서(掌苑署)의 별검(別檢)으로 증직(贈職)되다.
* **열부 3명** : 광주이씨(啓功郎 郭再禎의 처), 밀양박씨(선비 郭弘垣의 처),
  안동권씨(通德郎 郭壽亨의 처)
* **효열부 1명** : 전의이씨(선비 郭乃鎔의 처)
* **충효세업(忠孝世業) 청백가성(淸白家聲)** : 솔례마을 입구 정자나무 밑에 큰 돌에 새겨져 있다.
* 12칸 정려각엔 조정에서 내린 15명의 정려와 향리에서 세운 효자 비석 2기가 있다.
* 청백리 곽안방 선생은 망우당 곽재우 홍의장군의 5대조이시다.
* 열부 밀양박씨는 필자의 10대조 고무할머니이시다.

12정려각 : 대구광역시 달성군 현풍면 대동 소재

五陵園의 瑞雪

한 해가 저물어가는 歲暮
경주에서 전화가 왔다.
많은 눈이 내린다고

KTX를 타고 신경주역에 내리니
60년 만에 내린 큰 눈이라느니
2천 년대에 와서 처음 보는 큰 눈이란다.

신라가 시작된 곳
시조대왕이 잠드신 곳을 찾았다.
하늘에서 내려준 하얀 이불 덮은
五陵은 하얀 고깔 쓴 스님머리

오릉원 나무들 신이 났다.
가지마다 하얀 눈꽃
조그마한 바람에도
겨울나무 춤춘다.

한 해를 보내는 달에
한 해의 잘못일랑 덮어버리고
광명이세 밝은 세상 밝히려는 듯
하얀 눈 하얀 꽃 오릉원이 빛난다.

* **오릉** : 경상북도 경주시 탑동 77
(신라시조왕릉, 알영왕비릉, 남해왕릉, 유리왕릉, 파사왕릉)

오릉의 설경

마라도의 등대

마라도

하늘과 땅과 바다가 맞닿은 곳
이름 모를 봄꽃이 만발한 대지 위로
꽃향기 품은 실바람 넘실대고
하얀 등대 위로 꽃구름 지나간다.

속속들이 검은 바위 작은 화산 섬
파도가 만든 바위굴은 세월의 흔적인가
기묘한 바위에 부서지는 하얀 파도
또 어떤 아름다운 작품을 만들어 낼까.

성당과 寺刹, 교회가 공존하는 작은 마을
평화로운 둘레길 따라 걷노라면
어디선가 까투리 찾는 상끼소리
大韓民國 最南端의 작은 바위섬이 정겹다.

고사목(枯死木)

살아 천년 죽어 천년의 枯死木
핏빛 철쭉의 鎭魂曲인가
靈室계곡의 음산한 바람소리
세찬 비바람이 귓전을 스친다.

千年의 세월 외로운 死鬪
폭풍우 비바람을 혼자 맞았는가
벗겨지고 갈가리 찢겨진 裸木이
보는 이의 마음을 아프게 한다.

안개 속에 가려진 오백나한
긴 세월 한라산을 지키고
병풍처럼 둘러선 바위群은
북풍한설 비바람을 막아주는 듯

백록담에 이르는 영실계곡
구름 속에 신비한 자취 감추고
고사목 군락지 어딘가에
까마귀 울음소리 처량하구나.

한라산 고사목

紅島의 그분

그분은 거기에 그렇게 계셨다.
가파른 절벽 위서 분재를 다듬고
깊은 바다 위서 기기묘묘 형상을 만들고
몽돌을 어루만져 전시를 하고
붉디붉은 노을로 조명을 하면서
혹여 누가 볼세라 사방 높은 파도로 벽을 쌓고
외로운 섬 하나를 아름다운 정원으로 꾸미고 계셨다.

남해의 여왕이 세 시간여 파도를 허물어
유람선으로 비경을 훔쳐 보여 주었다.

금강산 만물상을 옮겨온 듯
남문바위 시루떡바위 기둥바위 탑바위
원숭이바위 주전자바위 독립문바위 등
수많은 바위와 병풍바위로 섬을 감싸고
물개굴 석화굴 홍어굴을 만들고
깃대봉과 양산봉을 높이 세우셨다.

깎아지른 절벽 돌틈 사이사이에
황사 흙을 뿌려 동백과 소나무 풍란을 심고
태양과 바람과 비로 아름다운 분재를 만드셨다.
외롭지 않게 띠섬 탑섬 진섬 단옷섬
앞여 방구여 아랫제비여 높은섬 등이
주변에 흩어져 있고
갈매기 비둘기 텃새들이 오가며 구경하고 있다.

오늘도 해와 달과 별을 친구삼아
파도를 타고 섬 주변을 돌면서
바위를 다듬고 분재를 가꾸시는 그분에게
한없는 경외와 찬양을 드린다.

홍도에서

보길도 세연정

보길도에서

보길도에서
시인의 자취를 찾았다.
파도를 타고 온 孤山의 유적지이다.

더위를 피하는가
큰 바위형제들이
계곡에 발을 담근 채 나그네를 맞이한다.

세연정(洗然亭) 정자에서
고산의 노래 소리가 들린다.
400년을 이어온 어부사시사(漁父四時詞)

水石과 松竹을 벗하여
어부들의 애환을 철따라 노래하며
달빛 아래 거닐었을 고산의 모습을 떠올린다.

* **孤山** : 尹善道(1587~1671)의 호
** **한국의 아름다운 3대 전통정원** : 보길도-洗然亭(세연정), 영양-瑞石池(서석지), 담양-瀟灑園(소쇄원)

목포 갓 바위

효자바위란 전설이 무색하게
갓을 쓴 바위가 둘
바닷가에 나가서 보니
철모 쓴 독일병정 모습이다.

충무공이 지키던 바다
그들이 지키는가?
외적의 총알 온몸으로 막았는지
애처로운 총탄의 흔적들.

사람들은
슬픈 전설의 효자바위라지만
충무공의 뜻을 이어받은
바다 지키는 영원한 초병이라네.

목포 갓 바위

소매물도

아름다운 남쪽바다 작은 섬
따개비지붕 다닥다닥 섬마을
탐방객을 쏟아놓은 선착장
방파제 위 갈매기 한 마리
상근이 닮은 하얀 개 길손을 맞이한다.

잘 다듬어진 계단을 오를 때마다
햇볕에 빨갛게 익은 이마 위로
구슬구슬 땀방울이 흐르고
동백나무 숲 사이로 시원한 바람 불어와
파란 코발트빛 하늘 하얀 구름 흩어진다.

그림 같이 아름다운 등대섬
깎아지른 절벽 아래 부서지는 파도
열목개에 열린 물길 모세의 기적인가.
몽돌 사이사이에 파란이끼 낀 돌
이름 모를 야생화 활짝 핀 꽃길 걸으며
열린 물길 닫힐세라 바쁜 걸음 재촉한다.

슬픈 전설의 남매바위 길
노란 괭이밥, 빨간 양귀비 꽃
잘 익은 산딸기 열매 발걸음 멈추게 하고
멀리 해무(海霧) 속에 매물도가 가물가물
작은 섬들 사이로 하얀 물길 가르며
여객선 한 척 소리 없이 다가온다.

소매물도 등대섬

성 베드로 성당

성 베드로 성당에서

지하철 에스컬레이터에서도
뛰어야만 하는 한국의 관광객들
긴 순례자의 행렬 끝에서 기다림의 미학을 배우고

사랑한다는 말에 인색했던 내가
신의 자비를 구하는 피에타를 보고
십자가 고난의 주님을 생각하며 고개를 숙인다.

오후 한 시에 울리는 성당 종소리
광장에 모인 군중 속에 서서
빌라도의 뜰에 들리던 새벽 닭 울음소리를 듣는다.

앞서간 성현들은 옥상 기둥 끝에서
신의 은총과 자비를 구하고
초가을 날 한낮에 뿌리는 여우비에 눈물을 흘린다.

오, 주여!
구름타고 가신 주님! 행여 구름타고 오시려나
돔 위에 걸린 구름을 보며 주님 모습 찾아본다.

성도(聖都), 성도(聖道), 성도(聖徒)

거룩한 도시 聖都 바티칸시티에서
거룩한 길 聖道를 걷는
거룩한 무리 聖徒 순례자의 행렬이
성도(聖都)를 찾아 성도(聖道)로 걸어와 성도(聖徒)들이 모였다.

啓明星이 빛나는 이른 새벽
鷄鳴聲이 들리기 전에 배신하리라는 예수의 소리
鷄鳴聲에 놀란 베드로처럼
鷄鳴聲을 듣고 회개의 눈물을 뿌린다.

베드로 순교자를 기념하여
베드로 무덤위에 세워진
베드로 기념성당 마당에
베드로 기념상이 우뚝 서 있다.

교황의 축복 강연을 듣고자
교황청에 몰려온 각국의 순례자들
교황의 축복강연에
교황을 향한 순례자들 감격해 한다.

베드로 성당 앞 광장

폼페이 유적지에서

두꺼운 석류껍질 속에 있는 보석같이
두터운 화산재 속에서 드러난 유적들
타임머신을 타고 이천 년 전의 도시를 찾았다.
비록 참담한 모습이지만
당시의 화려했던 도시가 눈에 선하다.

목욕문화가 유난히 발달한 나라
골목에 그려진 벽화로 상점의 종류를 알게 하고
작은 방 벽에 그려진 그림을 보고
신전의 날씬한 기둥 앞에서
광야에서 외치던 세례요한의 소리가 들린다.

베수비오 산은 언제 그랬느냐는 듯
뭉게구름 속에 덮여 있는데
속속들이 들어난 유적의 현장은
용암과 화산재에 묻혀버린 작은 왕국의 모습이
죄악으로 멸망한 소돔과 고모라를 연상케 했다.

드넓은 원형경기장의 뜨거운 함성과
검투사, 투우사들의 처절한 몸싸움
귀족들의 호화로운 별장과 쾌락의 도시
베수비오 산의 활화산 폭발로
AD 79년 8월 24일 멈춰버린 시간은
무려 1,500여년을 잠들어 있었다니.

폼페이 유적지

카프리 섬에서

하늘이 바다이고 바다가 하늘인 것을
수평선에 용오름 같이 하늘로 향한 구름
바다와 하늘을 가르고
코발트빛 바다에 하얀 점 하나
지중해를 넘나드는 배
사랑을 싣고 행복을 나른다.

깻잎 차량을 타고
리프트로 전망대에 오르니
눈부시게 쏟아지는 햇살
진한 남빛 바다 반짝이는 은빛 윤슬
어느 곳에 시선을 고정시키랴.

폼페이를 삼킨 베수비오 산
아름다운 나폴리 항
슬픈 이민자를 기다리는 소렌토 항을 바라보며
성냥갑 같은 하얀 집들 숲 속에서 꿈꾸는 듯
이름 모를 야생화 향기에 취해있다.

섬 주변에 흩어져 있는 기묘한 바위들
홍도에서 옮겨온 바위섬들인가.
바다의 요정들이 장난치는 곳
이국의 나그네 발길을 멈추게 하고
깎아지른 절벽 사이로 부서져 내리는 파도소리
카프리 섬에 살자고 속삭인다.

* **깻잎 차량** : 부두에서 리프트 타는 곳까지 좁은 골목에서 깻잎 한 장 간격으로 비켜 다니는 카프리 섬의 차량

카프리 섬

루브르 박물관에서

내 삶의 지친 무게를 아는지
요새(要塞) 속에 갇혀 있던 '모나리자'가
윙크를 하며 미소로 맞아준다.
신(神)의 영역을 침범한 천재화가들
조각가, 건축가들이 만들어 놓은 작품들이
시대를 초월하여 많은 사람들에 위로를 주고 있다.

양팔을 잃은 팔등신의 미녀 '비너스'
'노인에게 젖을 물리는 여인'의 부조(浮彫)와
죽은 동료의 인육으로 살아남은 '메두사 호의 뗏목'
사진으로만 보아오던 미켈란젤로의 '다비드 상'을 보며
인생(人生)의 희·노·애·락(喜怒哀樂)을 바라보았다.

르네상스시대 주인공들의 화려한 작품들
짙은 회색 건물 안에서 보석처럼 빛나고
예수의 첫 기적 '가나 결혼식'과
영웅(英雄) '나폴레옹의 대관식' 그림
고대 조각 작품들이 천년의 세월을 뛰어 넘어
천정과 양 벽 사이를 가득 메우고 있다.

아직도 전시되지 아니한 40여만 점의 작품들
병인(丙寅)년에 조선 땅을 침범하여 가져간
우리의 자랑스런 문화유산 조선왕조 의궤
박물관 창고 깊숙이 묻혀있던 것을 발견한 후
돌려받기까지 오랜 세월 고생하신 박병선 박사가 그립다.
루브르 박물관은 삶과 죽음을 초월한 역사의 현장이었다.

비너스 상

3

그대 따뜻한 손만 잡고 있어도

그대 따뜻한 손만 잡고 있어도

그대 따뜻한 손만 잡고 있어도
굳게 닫혔던 마음 문이
열려집니다.

그대 따뜻한 손만 잡고 있어도
외로움에 지쳐 쓰러질 때
의지됩니다.

그대 따뜻한 손만 잡고 있어도
슬픔에 겨워 흐르던 눈물이
위로됩니다.

그대 따뜻한 손만 잡고 있어도
수천수만 가지의 마음속 말들이
오고갑니다.

그대 따뜻한 손만 잡고 있어도
꿈속에서 찾아 헤매던 그리움이
느껴집니다.

그대 따뜻한 손만 잡고 있어도
그대 따뜻한 사랑이 온 몸으로
전해집니다.

그대 따뜻한 손을 잡으며
한없는 내 사랑이 그대에게
전해지기를 바랍니다.

필자의 손자들

그대 모습 바라만 보아도

사랑하는 이여!
그대 모습 바라만 보아도
내 마음은 이미 사랑으로 가득합니다.

먼발치에서 그대의 아름다운 모습을 바라보고 있으면
봄바람에 실려 오는 꽃향기처럼 행복의 향기가 전해집니다.

멀리서 들려오는 그대의 상냥한 음성은 아름다운 노래가 되고
그대의 아름다운 자태는 풍성한 사랑으로 다가옵니다.

사랑하는 이여!
그대 모습 바라만 보아도
내 마음은 이미 사랑으로 가득합니다.

필자의 손자들

첫사랑 1

첫사랑은 이뤄지지 않는다는 통설처럼
우리의 사랑도 그러하였습니다.
긴 세월의 즐거운 만남이
짧은 이별로 변한 허무한 사랑이
이토록 오랜 세월
아픔으로 남을 줄을
그때는 몰랐습니다.
예전엔 몰랐습니다.

흐르는 강물처럼 세월은 흐르고
변하는 계절 속에 강산은 변하건만
아직도 남아있는 아픔은
아픔으로 남아있는 사랑은
이토록 오랜 세월 변하지 않을 줄을
그때는 몰랐습니다.
이별할 땐 몰랐습니다.

보고 싶은 이여!
사랑했던 이여!
가끔은 생각나겠지 했던 그대 사랑이
가끔은 보고 싶겠지 했던 그대 모습이
이토록 긴 세월
아픔으로 남아있는 가슴 아림은
사랑 때문인가요?
미련 때문인가요?

첫사랑 2

반세기 세월 지나는 동안
하나둘 흩어져간 기억의 파편들
잡으려면 빠져나가는 모래 알갱이

잔잔한 새털구름 사라져가듯
서서히 잊혀져간 희미한 추억들
간신히 붙들면 사라지는 솔바람 향기

꿈같은 사랑 나누던 물레방아
흔적 없이 허물어지고
한번 떠나간 첫사랑 돌아오지 않는다.

사랑

그윽이 바라보는 눈동자 속에서
당신의 사랑을 느꼈습니다.

살짝 머금은 입가의 미소에서
당신의 사랑을 보았습니다.

말없이 흔들어주던 손길에서
당신의 사랑을 알았습니다.

사랑한다는 백 마디 말보다
당신의 모습이 더 그리운 이 밤입니다.

나랑 연애 할래

나랑 연애 할래?
젊어서는 일한다고 바쁘게 살다보니
자신을 되돌아 볼 시간이 없었는데
이제 이 만큼 살다보니 외로움을 타는지
문득 연애하고 싶다는 생각이 드네.

사랑하는 사람과 손잡고 약수터에도 가고
팔짱끼고 덕수궁 돌담길도 걸어보고
고궁을 거닐며 소곤소곤 이야기도 하고
가까운 동산에 올라 김밥도 나눠먹고 싶은데
같이 가줄 마음 맞는 사람이 없네.

이 나이에 무슨 연애냐고
왜 노래도 있지 않니 내 나이가 어때서
정다운 사람과 저녁노을 바라보며 정담을 나누고
흐르는 강물 바라보며 어깨 기댈 친구가 필요한데
함께 등 기대어 이야기 나눌 친구가 없네.

인생 황혼의 나이가 되도록 살아보니
잘생긴 사람이나 못 생긴 사람이나
많이 배운 사람이나 덜 배운 사람이나
많이 가진 자나 덜 가진 자나
사는 것은 다 똑 같은데 건강이 최고더라.

찻집에서 흘러간 노래를 듣고
극장가서 추억의 영화도 보고
빵집에서 친구들과 조잘대던 시절 떠올리며
아름다운 노년을 함께 하고 싶은데
나랑 연애 하지 않을래?

생일(生日) 1

뜨거운 태양아래
바람이 졸고 있다.

플라타너스에 매달린 매미
기를 쓰고 소리 질러보지만

더위에 꽁꽁 묶여있는
바람은 꼼짝을 않는다.

이 무더운 여름날에
울 엄마는 날 낳으셨다.

생일(生日) 2

파란 바다를 품은 미역국
속살보인 조갯살
새알 같은 찹쌀 옹심이
뜨거운 어머니 사랑

파란 하늘 품은 어머니의 품
속살 드러낸 젖가슴
아가에게 다 내어주고도 모자란
뜨거운 어머니 사랑

해마다 맞이하는 생일
바다를 품은 미역국 한 사발
하늘을 품은 어머니의 따뜻한 가슴은
태초의 사랑을 품은 생명의 근원이었어라.

아내

고향이자 어머니요 누이이자 애인이며
친구같은 아내와 아들 딸 키우며
오손도손 살 수 있는 안식처가 있어 좋다.

오래전 장인 장모님이 계시던 처갓집에 갔을 때
살며시 다가와 한 눈을 지그시 윙크하며
내 편이 되어준 라일락향기 같은 처가 있어 좋았다.

피곤하고 힘들 때 투정하는 남편 말없이 지켜봐주며
땡삐같은 성질 싫다 않고 다독이며 미소 짓는
천사 같은 마음 가진 예쁜 마누라가 있어 좋다.

비록 피곤하여 등 돌리고 잠들지라도
같은 이부자리에서 사랑의 체온을 느끼며
등 긁어 주는 무던한 집사람이 있어 좋다.

하얀 벚꽃 잎이 흩날리는 우면산 밑 남부순환로
아내는 꽃비가 내린다며 무척이나 좋아한다.
손을 꼭 잡고 같이 걸을 수 있는 동반자가 있어 좋다.

친정 나들이

울 마누라님
친정 간다고 좋은가보다.
명절 만난 어린애처럼 밤잠을 설치고
이것저것 준비하면서 들뜬 기분이네.

친정 가서
엄마 아버지 산소에
아버지 좋아하시던 술 한 잔 올리고
어머니 좋아하시던 베지밀 한 팩 올리고
주절주절 넋두리 하다가 잡풀 뜯고
잡풀 뜯다가 넋두리 하네.

마을 앞에 만들어진 댐 속으로
우체국도 들어가고
초등학교도 들어가고
마을도 통째로 들어가
친구네 집들도 물속에 잠기니
정겹던 고향 반쪽이 사라졌네.

친정동네 살고 있는
큰언니 큰 형부 만나
두 손 마주잡고 인사하다가
밥 먹고 이야기 하고
차 마시고 웃음 나누더니
돌아올 땐 아무 말이 없네.
……

김천시 부항면 소재 부항호

정우 노래

아침 해가 방긋 웃는 이른 아침에
한강물은 햇빛 받아 반짝거리고
숲속에서 아기 새들 노랫소리가
예쁜 아기 반갑다고 조잘 대누나.

푸른 하늘 구름나라 그림조각은
아기토끼 아기 곰들 꿈꾸는구나.
아름다운 꽃- 향기 실바람타고
착한아기 구름타고 둥실 두둥실

아름답고 씩씩하게 잘 자라거라.
착- 하고 지혜롭게 빛-나거라.
주 안에서 기도하고 감사를 하는
예쁜 믿음 나라기둥 아기 강정우

* 외손자 강정우 노래

태양처럼 빛나라

이른 새벽 물안개 걷히고
붉게 타오르는 태양은
한강의 아침을 아름답게 비춘다!

어둠을 헤치고 밝혀준 태양처럼
정우가 이 땅을 찾아온 지 365일
날마다 달마다 기쁨을 주었다.

잔잔한 미소로 시작하여
옹알이, 뒤집기, 일어서기까지
그때마다 많은 행복을 주었다.

정우야 손자야 어여쁜 아가야
지혜롭고 건강하게 자라라.
아침의 태양처럼 밝게 자라라.

아침의 태양처럼 밝게 빛나라.

* 외손자 강정우 첫돌에 서초동에서 외할아버지

필자의 외손자 강정우

정현 노래

예쁜아기 일어나라 같이놀자
아침해는 창문에서 방긋방긋
뭉개구름 하늘에서 몽글몽글
참새떼는 나무에서 짹짹짹짹

착한아기 나오너라 같이놀자
다람쥐는 쳇바퀴를 돌고돌고
강아지는 마루에서 쫄랑쫄랑
병아리는 마당에서 삐악삐악

우리아기 예쁜아기 잘도잔다
봄바람은 살랑살랑 손짓하고
아기별들 하늘에서 반짝반짝
아기천사 자장자장 노래한다

* 손자 박정현의 노래

필자의 손자 박정현

정현이 첫돌에

추운 겨울에 태어난 정현이가 자라는 동안
아름다운 봄, 무더운 여름이 지나
풍성한 오곡백과가 무럭 익는 가을을 보내고
또다시 추운 겨울을 맞아 정현이 첫돌이 되었네.

만물이 겨울잠을 자는 동면의 계절이지만
하늘에는 철새 떼가 무리지어 날아오고
산에는 나무마다 하얀 눈꽃이 송골송골 피어나
사랑하는 정현이의 첫돌을 축하 하네.

버들개지 피어나고 개구리가 잠을 깨면
꽃들은 아름답게 피어나고 벌 나비 춤추며
온갖 새들은 노래하겠지.
사랑하는 정현이도 무럭무럭 자라나
엄마 아빠 부르고 노래하며 춤추리라.

꽃처럼 예쁘게 새들처럼 날렵하게
씩씩하고 건강하게 잘 자라라.
하나님께 사랑받고 부모님의 자랑과
할머니 할아버지의 기쁨이 되어라.

외할머니 외할아버지 사랑 잊지 않고
언제 어디서나 칭찬받고 사랑받는 아이
지혜롭고 덕스러운 믿음직한 청년이 되어라.
여기모인 모든 이들의 희망과 가쁨이 되고
대한민국을 뛰어 넘어
세계로 향하는 큰 인물로 성장하여라.

* 서초동에서 할아버지가

누나의 십자수

누나가 십자수를 놓고 있었다.
한 달이 가고 두 달이 지나
다보탑과 석가탑이
흰 옥양목 위에 그려졌다.

사랑하는 사람을 위해
정성스레 탑을 수놓고 있었다.
섬세한 손놀림 오색수실로
아름다운 탑들이 완성되었다.

하늘에는 뭉게구름을
탑 주위에는 나무들을 심었다.
1,500여 년 전 백제의 석공 아사달이
불국사에서 돌을 다듬고 있었다.

사랑하는 사람을 위해
정성을 다해 다듬고 다듬어서
아름다운 다보탑과 석가탑이
대웅전 뜰 앞에 세워졌다.

경주 박물관 내 다보탑

4

물속에 빠진 달

나는 바람이었습니다

대니산

북악의 하늘 길

인왕산에서

만월

물속에 빠진 달

손님

하얀 꽃길

회색골목 1

회색골목 2

성전가는 길

참꽃바다

달성소나무 삼형제

나는 바람이었습니다

손끝이 시리도록 차가운 얼음을 깨고
계곡의 물을 흐르게 했습니다.
큰 바위만큼이나 무거운 흙더미 사이로
생명의 씨앗을 잉태시키고
봄비 실어다 싹트게 했습니다.
잔디 위서 졸고 있는 아지랑이를 깨워
하늘로 날려 보내고
먼……
남쪽에서 따뜻한 입김 빌려와
향기로운 꽃을 피우게 했습니다.

거북 등처럼 갈라진 논바닥
축 늘어진 잎새들을 바라보고
타는 듯 아픈 가슴을 휘비며
토하는 농부들의 긴 한숨에
먼……
바다로부터 먹구름 실어다가
한줄기 비를 뿌리게 했습니다.

알록달록 단풍이 물들어 갈 때
밤송이 터지는 소리에 놀라
저만큼 달아나다
알밤 떨어지는 나무 밑에 걸음 멈추고
겨우살이 준비하는 다람쥐에
도토리 사냥하게 했습니다.

빌려온 봄기운 남쪽으로 보내고
은백색의 하얀 눈을 북쪽에서 실어다가
추위에 떨고 있는 보리밭 위에
새색시 이불같이
사뿐히 내려놓았습니다.
풍년을 기원하는 농부의 마음으로

대니산(戴尼山)

정월대보름이면 샛담 뒷산에서
소나무가지 꺾어다가 달집을 짓고
멀리 비슬산에 보름달이 떠오르면 불을 지른다.
한해의 풍년을 기원하는 마음
자식들의 성공을 바라는 마음
가정의 평안을 비는 마음
이런저런 마음들이 모여
하늘로 하늘로 연기되어 올라간다.
범안골 뒷산에도 수리동 뒷산에도
나부실 뒷산에도 사동 뒷산에도
마을마다 산마다 아이들이 모여 쥐불놀이 한다.

아직 이 땅에 연탄이 보급되기 전
밥할 나무 쇠죽 끓일 나무를 위해
이른 봄이 되기까지
나무꾼들의 나무터가 되어
곰재 뒷산에서 나무뿌리를 캐다가
수리동 뒷산에서 갈비를 긁고
사동 뒷산에서 거부지기를 뜯다가

오리 뒷산으로 도동 뒷산으로 옮겨가
삭정이와 솔방울을 따다보면
어느덧 봄이 찾아든다.

이른 봄
아지랑이 그림자 속에 종달새 높이 뜨면
산나물 캐는 아낙네의 모습이 보인다.
불당 골과 송담 골에서 쑥을 캐고
나생이(냉이)와 쓴 나물이 돋아날 때면
소나무에 물이 올라 여기저기서 송피를 벗긴다.
해마다 찾아들던 지겨운 보릿고개가
힘들게 힘들게 넘어간다.

잔디와 온갖 풀들이 푸르게 돋아나고
나뭇가지에 푸름이 더해갈 때
소치는 아이들의 노랫가락 속에
고삐 풀린 소늘은 살이 찌고
계곡마다 맑은 물소리에
대니산의 녹음은 짙어간다.

석류가 알알이 영글어 가고
감나무에 홍시가 아름답게 물들어 갈 때
한 해의 농사에 감사하고
조상의 음덕을 기리는 제사가 시작된다.
한훤당 묘소에도
대암선생 묘소에도
존재공의 산소에도
오리 징동 사동 수리동 나부실을 거쳐
곰재와 범안골 솔례와 못골 뒷산에서
조상의 산소를 찾아오는
후손들의 모습이 줄을 잇는다.

대니산은
명현거유들을 배출한 곳
오늘도 명산의 정기를 전하고 있다.
오늘과 내일의 구지 사람들에게
봄 여름 가을 겨울 철따라
각기 다른 모습으로.

* **대니산** : 대구광역시 달성군 구지면 소재 (시인의 고향)

대니산과 낙동강 / 사진 : 니산 박영완 작

북악의 하늘 길

(북악스카이웨이)

아카시아 향기 진한 북악의 하늘 길
아카시아 꽃잎 사이로 별을 본다.
굽이굽이 돌 때마다 향기 한 모금
아카시아 향기보다 더 진한 사랑 한 모금

팔각정 정상에서 남산을 본다.
불빛 은은한 타워를 본다.
점점이 수놓은 빌딩 숲 사이로
유성이 흐른다, 사랑이 흐른다.

전설같은 아리랑고갯길
하늘 길 끝나는 아쉬움
긴 침묵 사랑의 밀어
언제 다시 오를거나 북악의 하늘 길

북악스카이웨이 팔각정 앞

인왕산에서

코스모스 활짝 핀 인왕산 성곽 길
우거진 잡목사이 높이 선 미루나무
까치 두 마리 보초를 서고

기묘한 바위들이 모여 있는 산 위에서
높고 낮은 빌딩 숲 사이로
500년 도읍지 흔적을 찾는다.

웅장한 푸른 기와집 아름다운 고궁
낮잠 즐기는 한가로운 뭉게구름에
애꿎은 솔바람이 장난을 치고

담쟁이 넝쿨로 치장한 성곽 길
무리지어 오르는 등산객 아웃도어에
알록달록 단풍이 물든다.

滿月(만월)

아직 서산에 해가 넘어 가기 전
채색되지 않은 성급한 달이 동쪽 하늘 위에 걸려 있다.

해가 지고 어두운 사위가 무겁게 내려앉자
반딧불이들이 모여 노란 달을 빛나게 한다.

바람이 지나가자 반딧불이 달은 작은 파도가 된다.
어느새 都心을 찾은 달은 높은 빌딩 위로 솟아오른다.

빌딩이 휘청거리는 병든 도시 위에
어두운 골목길을 찾아 환하게 길을 비춘다.

바람에 흔들리는 나뭇잎 소리 귓가를 스치고
회색골목을 환히 밝혀주는 달빛 아래 발걸음을 재촉한다.

한강 (여의도)

물속에 빠진 달

잠수교를 건너오는데
물속에 빠진 보름달이
허우적거리고 있다.

강물의 빠른 流速에
안간힘을 쓰는 듯
일그러진 모습이다.

잠수교를 다 건널 때까지
물에서 건져 달라는 듯
내 뒤를 따라오는 지친 모습

뒤돌아 바라보니
물속에 빠져 허우적거리는
일그러진 내 얼굴이다.

손님

이른 아침
요란한 까치소리에 창문을 여니

집 앞 언덕 위 하얀 찔레꽃
탐스럽게 피어 아침 단장을 마치고

울타리 베개 삼아 잠자던 넝쿨 장미
봄바람에 기지개를 켜는데

관악산 기슭에 핀 아카시아 꽃향기
제 집인 양 거실 가득 내려와 앉는다.

하얀 꽃길

따스한 입김을 품은 봄바람에
하얀 꽃잎이 깔린 카펫 길이 열린다.

길게 늘어선 벚나무 가지 사이로
햇빛에 반짝이는 꽃송이가 눈부시다.

찬란한 햇빛바라기 민들레는
하얀 홀씨를 날려 하늘로 마중 보내고

어디서 찾아왔는지 노랑나비 한 마리
민들레 주위를 맴돌다 벚꽃 사이로 날아오른다.

하얀 꽃길에 핀 민들레와 나비
바람과 햇빛이 아름다운 봄을 노래한다.

회색골목 1

어느 해 봄
개나리 목련이 이사 가던 날
이슬비가 내렸었지.

개발붐에 밀려
아름다운 정원들이 파헤쳐질 때
아직도 지지 않은 꽃잎을 달고
비오는 골목길에서
개나리는 울고 있었지.

수줍은 듯 목련은
황소 눈망울만한 꽃망울에 눈물을 달고
흔들리는 차 위에서 고개 숙여 흔들고 있었지.
마치 가기 싫다는 몸짓인 양 꽃송이를 흔들었었지.

꽃망울을 머금고 철쭉 뒤에 숨어있던
수수꽃다리는 숨죽인 채 향기만 토해내고
새끼줄에 꽁꽁 묶인 장미와 모란은
서로 부둥켜안은 양 엉켜있었지.

그렇게들 떠나간 회색빛 골목길에
온갖 전신줄들이 왕거미 집을 지어놓고
수많은 현대정보가 넘나드는 거미줄엔
비둘기 흰 배설물만 붙어있을 뿐
한번 떠나간 라일락 향기는 돌아오지 않네.

회색골목 2

초록색 떠나간 회색골목에
어두운 그림자 짙게 내리고
높다란 교회 종탑엔
소리 잃은 빈종이 달려있다.

짓다만 부도난 빈 건물
거미줄이 현관을 가로막고
주인 잃은 제비집은
몇 년째 비어있다.

배고픈 비둘기 서너 마리
해지는 줄 모르고 먹이 찾는가
아스팔트 골목길 헤치며
구구구 목쉰 소리가 애처롭다.

그나마 동네어귀 예배당에서
가로등 두 개가 골목을 밝히고
삶에 지친 영혼들을 기다리며
무언의 소리로 부르고 있다.

성전가는 길

이른 새벽
하얀 솜털 터널 속으로
외줄기 가로등 불빛이
시온성 가는 길을 안내한다.

긴 침묵의 계절 끝자락에
하늘에서 내려온 짙은 안개
환상의 희미한 솜털세계
깊은 적막 속 성전가는 길

아침 햇살 돋을 때
환상의 세계 사라지고
찬란한 햇빛
눈부신 하늘나라 가는 길

참꽃바다

하늘 가까운 곳
넓은 진분홍바다
실바람에도 향기는 파도를 타고
봄을 찾는 이들의 발걸음 멈추게 한다.

진분홍바다 속에
묻혀버린 염불소리
삼층석탑은 알고 있을까?
대견사지 빈터의 사연을

진분홍 참꽃바다
병풍처럼 둘러선 칼바위
구름과 비와 바람이
삼층석탑과 함께
비슬산 봄을 지키고 있다.

사진 : 니산 박영완 작

달성소나무 삼형제

한 세기 전 만세소리가 우렁차게 울렸던 탑골공원에
달성군 명예시민 송해(宋海) 선생 주선으로
내 고향 달성소나무 삼형제가 작년 시월 이사를 왔다.

서문과 원각사 10층탑과 팔각정 사이에 뿌리를 내렸다.
지난 해 엄동설한의 긴 겨울과 봄을 보내고
여름이 되자 무더위와 함께 가뭄이 시작되었다.

공원관리 직원들이 쉼 없이 물을 주고 보살펴 왔지만
나무 한 그루가 고향생각이 나는지 메말라 가고 있다.
무더운 여름이 지나고 가을이 오면 행여 깨어나려나.

원각사 10층탑 옆에 선 소나무는 몸살인지 향수병인지
여름이 지나고 첫돌이 다가오는데 안타깝게 깨어나질 않는다.
소나무야 소나무야 달성소나무야 하루속히 깨어나렴.

고향이 그리워도 참고 살아서 달성인의 친구가 되고
노인들의 쉼터가 된 공원에서 큰 그늘이 되어주렴.
먼 훗날 유서 깊은 이 공원에 새 주인으로 살아주렴.

탑골공원 내 삼형제 소나무 (필자의 고향 소나부)

5

한강

한강

태고로부터 흐르던 강
이 민족의 젖줄이어라
수많은 외침에 시달리다
타는 목 축일 큰 물길을 트셨나니

36년의 일본 강점기
뒤이은 6·25 전쟁
온 나라가 헐벗고 피 흘릴 제
마른 목 적실 큰 물길 여셨나니

4·19 민주혁명
5.16 경제개발개혁
새마을 정신으로 무장하여
반만년의 보릿고개를 이겼나니

독일에서 간호사와 광부들
월남에서 용맹을 떨친 따이한의 용사들
열사의 나라 중동에서 건설의 역군들
한마음 한뜻으로 나라 위해 피와 땀 흘렸나니

아! 대한민국 건아들
올림픽과 월드컵에 태극기 휘날리고
메이드 인 코리아 제품 수출의 주역되어
21세기 10대 경제대국으로 이름 떨쳤나니

아! 반만년의 그 긴 날
모진 목숨 질기게 이어온
목마르지 않고 끊이지 아니할
아! 영원한 이 민족 어머니의 강이여

평화

하얀 뭉게구름 사이로
물고기떼 지나간다.
거꾸로 선 나무에
참새들 조잘대고
개구리 폴짝 뛰는데
아롱이 꽃뱀은 낮잠을 잔다.

* 물고기와 참새가 어울려 놀고 개구리와 물뱀이 공존하는 세상. 이 땅에도 그런 세상이 왔으면 좋겠다.

강남역 밤 한 시

한 떼 썰물이 지나간 후
半裸의 아가씨 사진 깔리고
그 위로 취객들이 비틀거리며 지나간다.

줄지은 포장마차에
2차손님 찾아들고
안주 익는 냄새 발걸음을 멈추게 한다.

호객하는 경기택시
불평하는 서울택시 정류장을 점거하고
설 곳 잃은 버스들은 차도를 점령한다.

깊어가는 밤
잠들지 않는 거리
휘황한 불빛아래 늘어나는 취객의 도시
강남역 밤 한 시는 비틀거리며 지나간다.

텅 빈 운동장에서

여름방학으로 텅 빈 운동장에
까치 네 마리 놀러와 율동을 하고
아카시아 나무에서 날아온 참새 떼가
모래밭 놀이터를 차지했다.

어디서 나타났는지
까만 점박이 고양이 한 마리
꽃밭의 흙을 파헤치자
먹이 찾던 개미들 무리지어 달아난다.

아이들이 떠나간 운동장을
까치와 참새 떼가 차지하고
더위를 피해 놀러 온 할아버지와 아기
비행기 소리에 하늘을 바라본다.

이제 말문이 트인 아기는
자동차소리 비행기소리에 민감하고
이건 소나무 이건 도나무
이건 은행나무 이건 어냉나무한다.

미끄럼틀에서 미끄러지고
용수철터널을 엉금엉금기어 나온 아기
매미소리 새소리에 나무 위를 찾아보고
참새는 짹짹 참재는 댁댁한다.

용수철 터널 / 필자의 외손자 강정우

출근길에

출근길에
아침햇살 품은 벚꽃 눈부시게 빛나고
엉거주춤 서있는 자목련
벌어진 꽃잎 다물지 못하네.

심술궂은 봄바람 한 점 날아와
툭 치고 지나가자
벚꽃은 눈꽃 되어 흩날리고
풀죽은 목련 힘없이 떨어진다.

어디서 다람쥐 한 마리 뛰어나와
떨어진 목련꽃잎 장난치듯 건드리고
흩날리던 벚꽃잎 살포시 내려앉는다.

야쿠르트 아줌마

출근길
골목에서 만나는
야쿠르트 아줌마
안녕하세요?
인사하는 미소가 아름답다.

눈이 오나 비가 오나
봄·여름·가을·겨울
사계절을 맞고 보내면서
한결같이 나누는 인사
골목길이 즐겁다.

어디에 사는 누구인지
이름도 성도 모르는 아줌마
좋은 하루 되세요
감사합니다
오고가는 덕담으로
즐거운 하루가 시작된다.

우리를 슬프게 하는 것들

횡단보도가 아닌 도로에서
어린아이의 손을 잡고
차가 없을 땐 이렇게 건너도 돼 하는 듯
길을 건너는 젊은 엄마를 보고
우리는 슬픈 마음이 든다.

"아빠! 저기 신호가!"
아들의 말을 못들은 척
이럴 땐 적당히 건널 줄도 알아야 돼 하듯
정지 신호 무시하는 아빠를 보고
우리는 마음이 아파 온다.

인적이 드문 길가에서 잠깐 실례를 한 후
가득찬 재떨이마저 비우고 가는
얌체기사를 보고도 아무 말 못하는
자신이 미워짐을 느낀다.

신호 바뀜을 못 기다리고
회전위반, 속도위반, 주·정차위반
걸어는 못 가도 타고는 간다고
호기롭게 음주 운전하는 이들
우리를 너무나 슬프게 한다.

길거리에서
버젓이 어른들의 흉내를 내며
피우던 담배꽁초를 아무 거리낌도 없이
버리고 가는 십대들의 모습
노랑머리 파마머리
국적 없는 휘황한 옷차림
혼탁한 언어, 날로 늘어가는 왜색문화
여학생들의 비뚤어진 사고와
십대들의 행동을 보며
우리는 장래가 아득해 옴을 느낀다.

온갖 저질의 낙서가 난무하는 공중화장실과
곳곳마다 쌓여있는 쓰레기 더미와
오염된 산과 계곡은
주말의 산행을 즐기려는
우리들 마음을 괴롭게 한다.

응원의 함성과 열기가 가득찬 운동장에서
야유와 술병이, 폭력과 욕설이,
선수와 선수가, 관중과 관중이
난투극을 벌이는 경기는
스포츠를 좋아하는
우리들의 마음을 실망케 한다.

낙동강 1

파랗게 정지된 강물 속으로 흰 구름이 흐른다.
수천 년을 두고 흘렀을 강물의 끝은 어디일까?
내 할아버지 할머니가 발을 담그고
그 할아버지의 할아버지가 씻었을 강물에
나도 발을 담그고 손을 씻는다.

나루터 자리에 다리가 놓이고
소달구지 대신하여 경운기가 달리고
가을걷이 하는 트랙터소리를 들으며
그 속에 흘러간 아쉬운 나의 시간들
흐르는 강물처럼 황혼의 시간이 흘러간다.

물속에 비친 내 얼굴 위로
나를 닮은 할아버지가 보인다.
긴 세월 생명의 바통을 이어온 강가에서
흐르는 강물과 구름과 세월의 깊이를 물어본다.
내 아들과 손자들의 생명을 이어갈 낙동강에게

낙동강 2

파란하늘과 흰 구름이 고요한 강물 속에 빠졌다.
멀리 인자한 대니산 그림자 물속에 드리우고
제일강산과 이노정(二老亭)도 물속에 잠겨 있다.

백사장에서 먹이 찾던 새가 날아오르자
물속에 빠졌던 하얀 구름이 새를 품고
소리 없이 흐르는 강물 따라 구름도 흘러간다.

어릴 적 오리 알 찾아 헤매던 낙동강 가에서
구름 따라 흘러간 옛일들을 생각하니
물그림자에 비치는 고향산천이 꿈만 같구나.

윤슬

절두산 언덕 아래
수많은 사파이어

병인양요에
꽃잎처럼 떨어진
영혼들의 사리인가.
아침엔 십자가
저녁에는 별처럼 반짝인다.

봄이 오는 길목
계절 따라 변하는 물빛

강물 따라
세월 따라
수없이 흘러간 시간 속에
잊힌 영혼의 소리
반짝이는 보석의 소릴 듣는다.

때로는 백수정
때로는 자수정처럼 빛나다.

황금빛으로
물빛으로
먹빛으로 사라져가는
영혼들의 쉼터인가.
고요 속에 흩어지는 사파이어

* **윤슬** : 달빛 햇빛에 반짝이는 잔물결

절두산 언덕에서 바라본 윤슬

50년대 어린이들

먼지 펄펄 날리며 달리는 지프에서
검둥이 코쟁이들이 던져 준
C-레이션 깡통엔 무엇이 들었을까.
진한 국방색 바탕 새카만 글자
씌어있는 꼬부랑 글 읽을 줄 알아야지.

새카만 가루커피 검은 우유인가
하얀 소금가루 짠 설탕도 다 있네.
기브미 챱챱 기브미 츄잉껌
새카만 코쟁이에
새카만 때 손 내미는 어린아이들

방과 후 뙤약볕 신작로에서
장난치며 노는 아이들
행여나 기다리는 양키들의 지프
키다리 코쟁이 만나는 날은 운 좋은 날
어린아이들 일과는 거리에서 끝이 난다.

처음 보는 옥수수가루
처음 먹는 우유가루
처음 보는 진분홍빛 코코아가루
씹다가 남긴 껌은 벽에 붙이고
밥솥에 쪄낸 분유돌멩이 핥다가 잠이 든다.

고향 달

마을을 나섰다.
휘영청 밝은 달이 따라온다.
별들도 따라 걷는다.
앞서거니 뒤서거니
그림자와 함께

40여년이 흘렀다.
수 없는 날들이 지났는데
그동안 보이지 않던 달이
별들과 함께 보인다.
자야! 희야! 하며
놀던 친구들이 그립다.

고향의 골목길
언덕 위의 나무들
무논의 개구리 떼 울음소리
예 그대로인데
친구들만 보이지 않는다.

왜 그리도 바쁘게 살았는지
저 밝은 달이 이순(耳順)에 보이다니
친구야!
보고 싶다, 친구들아!

오! 한우!

세상일 참 모를 일이다.
매끼 혼식과 하루 한 끼 분식할 때
72년도 새마을금고를 시작하면서
하루 한 끼는 쇠고기와 쌀밥을 먹을 수 있다는 말에
피식 웃으며 어느 천 년에 그런 날이 올까했는데

지금은 세계 각국에서 사람들이 몰려와
너도 나도 한국인이 되겠다고 귀화요청을 하고
이 나라에 들어와 사는 사람이 100만 명이 넘었다나?

비단 사람뿐이랴?
각국의 농산물이 국산으로 둔갑을 하고
해산물이 국산으로 둔갑을 하자
축산물까지 너도 나도 국산이란다.

자동차, 핸드폰, TV, 냉장고 등
이제는 국산 쳐다만 보아도 배부른 시대
식당에 가면 하루 한 끼가 아니라
쇠고기도 골라먹는 시대가 되었다.

그 중에 가장 우리를 웃기는 일
미국, 캐나다, 호주, 뉴질랜드 할 것 없이
이 땅에 찾아온 각국의 쇠고기들이
덩달아 한우라고 족보를 속이려 한다.

가짜 한우에 속지 말라고 원산지 표시제도가 생겼고
한우와 수입쇠고기 식별방법까지 동원되었다.
그처럼 부러워했던 외제 타령을 넘어
이제는 국산품애용이 아니라 국산품 전용시대

우리 소 한우! 맛있소 한우! 강추 한우!

카메라

카메라를 갖다 대면
늙어가는 것 찍어서 뭣 하려고
손사래 치며 한사코 반대하는 친구

10년만 젊었어도……
늙어가는 자신의 모습에
서글픈 마음에 혼자 되뇌인다.

그럼 10년 후에 보면 되지
쓸쓸한 미소를 담아보지만
그 마음까지는 담을 수 없다.

사진을 찍을 때마다
젊어지는 카메라가 있으면 좋겠다.
서글픈 마음을 위로하고
아름다운 마음을 담을 수 있는 카메라

사진 : 니산 박영완 작

6

아! 통일의 그 날에!

아! 통일의 그 날에!

임진강 임진각에서

국군 포로 송환을 촉구하며

이산가족의 노래

새로 열린 고향 길

영일만 호랑이

현충원 망부가

아직도 끝나지 않은 전쟁

눈물은 마르고, 통곡소리 멈추었어도

소나기 소리

우리는 그렇게 월남에 갔었지

고 채명신 사령관님 영전에!

저 태양을 보라!

고고한 한 마리 학처럼 창공을 날사!

애도사

2014. 4. 16 세월호

아! 통일의 그 날에!

(이북5도민회 중앙회 행사 헌시)

2차 세계대전이 끝나고 광복의 기쁨도 잠시 뿐
열강에 의해 그어진 통한의 38선이 이토록 오래 갈 줄
몰랐습니다.

6·25한국전쟁과 함께 만들어진 155마일의 휴전선
가시철조망이 이토록 오래 갈 줄을 그 때는 몰랐습니다.

2, 3일이면 하다가, 한 두 달이면 열리겠지
1, 2년이면 하던 것이 반세기가 지나 60년이 넘었습니다.

보고 싶은 부모형제 그리운 고향산천
남북적십자회담과 남북이산가족상봉회담이
1,001마리의 소떼가 뱃길을 열고 육로를 열어
이제는 만나겠지 이제는 갈 수 있겠지
기다림에 지친 아픈 가슴들을 그 누가 알겠습니까?

열 살의 어린이가 70이 넘었는데
그 때 헤어진 부모님이 살아 계실 리 만무한데
아직도 싸리문 열어놓고 기다릴 것만 같아
올해도 설 명절 보내면서 헤어진 가족 그리다가
끝내 이루지 못한 이산가족 상봉의 한을
망배단을 향하여 통곡으로 대신 했습니다.

어찌, 이 아픔이 이산가족의 아픔뿐이겠습니까?
전후 그 어려웠던 시절을 아직도 기억하는데
흰쌀밥에 쇠고기국 타령하는 북한의 동포들과
음식물 남아도는 남한의 형제가
자유롭게 만날 날은 언제 일런지

휴전선을 자유롭게 넘나드는 철새와 구름
바람과 벌, 나비가 그렇게 부러울 수 없었습니다.
하루속히 통일이 되어
저 철새와 흰 구름처럼 자유로이 넘나들고
벌 나비처럼 얼싸안고 춤출 날은 그 언제 올런지

아! 통일이어!
7천만 겨레의 염원인 남북한 통일이어!
통일의 그 날에 우리 얼싸안고 노래하며 춤추자.
남북한이 하나 되는 그날, 환희의 축배를 들자!
가시철조망과 총 칼을 거두어 통일자동차를 만들고
부산에서 신의주까지 신의주에서 유라시아를 향하여
우리 모두 힘차게 달려보자 통일의 그 날에!

사진 : 니산 박영완 작

임진강 임진각에서

6월의 뜨거운 하늘 아래
한 줄기 소나기라도 내렸으면
기다리는 비는 오지 않고
뜨거운 바람이 살갗을 아프게 한다.

끊어진 철길 무너진 교각을 바라보며
빛바랜 수많은 리본이 철조망에 걸려
고향 갈 통일의 날을 기다리는데
부상당한 기차는 갈 곳을 잃고 멈춰 서 있다.

어느 이름 모를 산골짜기에서
주인 잃은 철모를 다람쥐 한마리가 지켜서 있고
인적이 끊긴 DMZ 철새와 동물들 사진이
분단 60년의 세월을 말없이 전하고 있다.

잘 지어진 종각 밑 사진 찍는 소리
자유의 종 평화의 종소리는 언제나 울릴까
임진각 공원에서 망향시비들을 읽으며
이산의 아픔, 실향민의 설움을 바라본다.

아! 역사의 강 임진강 물이여
북에서 흘러 남으로 동에서 흘러 서쪽바다로
60년의 그 아픈 세월 얼마나 더 흘러야 하나.
이제는 그만 실향민의 아픔을 멈추게 하라.

임진각 앞

國軍 捕虜 送還을 促求하며

해마다 가을이면 고운단풍 북에서 내려오고
겨울이면 철새들 무리지어 날아오는데
긴 세월 억류되어 돌아오지 못하는 이들이여
그대들이 무슨 죄가 있어 발이 묶이었겠소.

나라 위해 총칼 들고 전쟁터에 나갔다가
중공군의 인해전술 그 누가 알았겠소.
백두산 영봉에 태극기 휘날리려다
끊어진 길 찾지 못해 포로 신세 되었는데

힘없는 나라, 군인으로 잊혀진 이름이여
60년의 안타까운 긴 세월, 한 맺힌 세월을
눈을 감지 못하고 죽어가는 동료들을 바라보며
속울음 삼켜가며 참고 견디어 왔는데

20대 청년들이 80대 할아버지가 되도록
기다리다 지쳐 돌아가신 부모형제들
얼굴도 모르는 처자식에 소식 하나 전하지 못하고
부끄러운 이름으로 평생을 죽지 못해 살아왔는데

남한에서 두 분의 대통령이 다녀가고
천 마리의 소떼와 수많은 구호물자를 보내면서도
찾아주지 않고 불러주지 않은 한 많은 이름이여
그 얼마나 이 나라가 원망스러웠겠소.

카인의 후예들이 춤추는 칼바람에
죄 없이 쓰러져가는 국군의 노병들이여!
한 많은 평생을 죄 없이 억류되어 묶여 있어도
찾아주지 않는 이 나라가 어찌 원망되지 않으리

해마다 강남의 제비들은 북으로 찾아들고
봄이면 아름다운 꽃소식이 남에서 전해지는데
기다리는 남쪽나라 소식은 들려올 줄 모르고
휴전 된지 60년이 넘도록 멍든 가슴 그 얼마나 아팠겠소.

이제는 국군포로 더 이상 외면하지 맙시다.
나라위해 싸우다 죄 없이 포로 된 그들을
어찌 그들만의 잘못으로 돌리겠습니까?
하루 속히 송환하여 그리던 고향땅을 찾아 줍시다

기다리다 지쳐 쓰러져가는 그 가족들의 한을
더 이상 지켜만 보지 말아 주십시오.
이런 상황을 보면서 어찌 군인들에 충성하라 하겠습니까.
국민소득 2만 불의 선진국답게 포로송환을 촉구합니다.

말로만 경제대국 10위권이라 자랑하지 말고
말없이 죽어가는 국군포로 최후의 1인까지 送還에 힘쓰고
어느 골짜기에 누워 있을 遺骸를 찾아 고향땅에 묻어 줍시다.
그들과 그들의 가족, 피 맺힌 한을 풀어줍시다.

비목공원

이산가족의 노래

나의얼굴　모습에서　엄마아빠　그려보고
눈·코·입　뜯어보며　형제들을　상상한다
어릴때　잃어버린　보고싶은　부모형제
지금은　어디에서　이자식을　찾고있나

그리운　엄마아빠　보고싶은　형제들아
신문에　찾아보고　방송으로　불러본다
이모습　아는사람　찾아주오　우리부모
이얼굴　닮은사람　불러주오　내형제를

속절없는　세월속에　묻혀버린　나의과거
고향아　잘있느냐　부모형제　잘있느냐
까치야　찾아다오　나어릴때　놀던고향
제비야　전해다오　부모형제　소식들을

이목구비　살펴보며　부모형제　상상하고
흉터자리　찾아보며　놀던고향　생각한다
이사연　아는사람　들려주오　묻힌과거
내이름　아는사람　알려주오　형제들아

새로 열린 고향 길

어느 마음씨 좋은 할아버지가
소 천 마리를 트럭 위에 싣고 가더니
땅을 열고 하늘을 열고 바닷길을 열었다.

사립문 열고
동구 밖에 서서 기다려줄 사람은 없어도
개울에서 미역 감던 옛 친구들이 없어도
그 곳에 강이 있고 산이 있고 구름이 있고
바람이 있고 바다가 있고 고향이 있기에
모두들 가려 하네 가려들 하네.

이념이 무엇인지
정치가 무엇인지 알지도 못하던 때에
땅에다 금을 긋고
편 가르기를 하더니
이곳은 내 땅 저 곳은 네 땅 하기를
50년이 흘렀다.

무심한 철조망이 남북을 가르던 날
가슴에 못을 박고 통곡하던 날
부모 형제 헤어져
내일이면,
내일이면 만나리 하다가
일만 팔천 이백 오십 일이 흘렀다.

맘씨 좋은 할아버지가
열어놓은 뱃길 따라 일가친척 만나고
고향가서 큰절하고 부모형제 만나자.

영일만 호랑이

(고 박태준 철강왕 3주기에)

임은 반만년동안 잠자는 호랑이 꼬리를 잡고 흔들었습니다.
바닷물에 잠겼던 영일만 개펄과 황량한 벌판을 메우고
거대한 용광로에 황금 빛 쇳물이 흐르기까지
가난한 나라 부국 제철의 꿈을 안고
불꽃처럼 뜨거운 가슴으로 살다 갔습니다.

동해바다 끝에서 솟아오르는 붉은 태양을 바라보며
뜨거운 조국애 가슴 속 활화산을 품고
오직 한 걸음으로 제철입국에 신명을 받쳐
실패하면 저 바다를 향하여 뛰어들리라
죽음을 불사한 우향우 정신으로 살다 갔습니다.

가난한 식민지의 나라에서 꿈을 키우시고
해방의 기쁨도 잠시 뿐 한국전쟁으로 폐허가 된 나라에
민족중흥을 위하여 불꽃처럼 살다 가신님이시여
임이 흔들어 깨운 호랑이의 우렁찬 포효
가난의 서러움 떨쳐버리고 경제대국으로 용솟음치나니

영일만, 광양만의 용광로에 임이 지핀 불꽃을 보소서
4반세기동안 이룩한 그 숭고한 애국정신은
영원히 꺼지지 않을 불꽃으로 피어나리니
온 세계인은 임을 가리켜 철의 사나이라 부르나
후세의 사람들은 영일만의 호랑이였음을 기억하리라.

현충원 亡夫歌

임 누우신 자리 차마 떠날 수 없어
하루 이틀 찾다보니 해가 바뀌네.

임 그리워 찾는 발길 그 누가 막으랴.
무더운 폭염도 막지 못하고
폭풍우 눈보라도 꺾지 못하네.

임이 좋아하던 커피 한 잔 놓다 보니
임 찾는 손님 대접하게 되고
무심한 찻잔은 식어 가는데
한번 잠든 임은 일어날 줄 모르네.

그 누가 알랴 임 그리는 마음을
평생에 다시 못할 일
잠든 임 향한 발길일러라!
사람들은 이 걸음걸음을
현충원 망부가라 부르네.

* 故 박태준 회장 1주기에 부인 장옥자 여사의 망부가 (壬辰 12월 13일)

국무총리
포스코회장
박태준의 묘

아직도 끝나지 않은 전쟁

풍운의 꿈을 안고 태산준령도 마다않을 때
하늘을 찌르는 용기 하나로 남지나해를 건넜다
자유와 정의, 선린우방의 평화를 위해
조국의 부름 받아 6박7일 바다를 건넜다.

다낭에서, 퀴논에서, 나트랑에서
칼빈과 배낭 하나 달랑 메고
각기 배치 받은 싸움터로 향했던 따이한의 용사들이여!
그대들은 죽음도 불사하고 정글로 정글로 찾아 들었나니

비호같은 맹호가, 백마의 도깨비가,
귀신 잡는 청룡이 남긴 신화는 월남의 산하를 떨게 하였고
푸캇 산에서 혼바 산에서 메콩 강 늪지대에서
가는 곳마다 화랑의 후예로 이름을 날렸다.

죽기를 각오하고 싸우면 살 것이요 살려고 하면 죽으리라
피 흘리는 전우를 바라보며 굳은 입 앙다물고 싸웠던 파월용사들
낮에는 폐허가 된 마을을 복구하고 밤에는 베트콩과 싸워야 했던
그대들은 진정한 자유와 평화의 사도였다.

가난은 나랏님도 못 구한다 하였으나
그대들 앞 다투어 보내왔던 해외파견수당이
오랜 가난의 멍에를 벗기고
그대들이 보내온 크고 작은 귀국박스가 나라를 살렸다.

적도의 폭염에 싸워야 했던 참전용사들
하늘에서 내리는 시원한 이슬비가 죽음의 비가 될 줄이야.
달이 가고 해가 가면서 피 고름 썩어 나는 고엽제가
반세기의 세월을 괴롭히는 전쟁이 되었어라.

질풍노도같이 용감하게 싸웠던 참전 용사들이여!
고통과 절망, 질곡의 세월을 이겨낸 고엽제 전우들이여!
가슴마다 뜨거운 불덩이를 안고 싸우던 때로 돌아가자.
우리는 싸워서 이겼노라며 귀국하던 때로 돌아가자.

아직도 끝나지 않은 전쟁
휴전선 155마일 철조망이 걷히는 그날까지
어둠의 세력과 싸워 소중한 명예를 지켜나가자.
우리는 영원한 화랑의 후예 따이한이었노라.

* 2013. 7. 18. 경남 창원 실내체육관에서 고엽제전우 만남의 날 헌시(낭송 : 안승춘 전우)
2013. 7. 31. 국방전우신문에 게재 됨

눈물은 마르고, 통곡소리 멈추었어도

정글에서 늪에서 산화한 전우의 주검 끌어안고
통곡했던 전우들이 오십 여년 흐르는 세월에
눈물은 마르고 비록 통곡은 멈추었어도
결코 그때 그날의 일은 잊을 수 없었기에
해마다 돌아오는 현충일이면 그대 묘비 찾는다.

가슴 속에 묻은 자식 떠나보낼 수 없는 어머니
반세기가 지나도록 잊지를 못하고
묘비에 새겨진 자식 이름 쓰다듬으며
오늘도 국립현충원을 찾아 속울음을 토하는데
6월의 뜨거운 하늘도 막지 못하는가 눈물과 땀이 범벅이다.

텅 빈 고목나무 등걸 속 같은 어머니 모습
늙고 병든 몸에 채울 길 없는 멍든 빈 가슴
불러도 대답 없는 자식 이름 부르다 쓰러지는데
이 어찌 외면하랴 우리들 전우의 어머니를
부축하다 같이 울고, 같이 울다 쓰러진다.

국가의 명을 받아 월남전에서 만났던 전우야
피와 땀을 서로 닦아주며 위로하고 웃어주던 전우야
그대 떠난 지 수 십 년이 지나도 결코 잊을 수 없나니
오늘 이렇게 살며시 불러보는 전우 이름이
어찌 그리 새로운지 눈시울이 붉어지네.

우리들은 늙어 백발이 성성한 모습으로
비록 눈물은 마르고 통곡은 멈추었어도
그대는 반겨주겠지 여전히 변치 않는 그 미소로
월남파병 50주년, 고엽제 전우 만남의 날(오렌지데이)
그대 빠진 빈자리
저 하늘에서 바라보고 빙긋이 웃으며 맞아 주리라.
반갑다 전우야! 힘내라 전우야!
고엽제 전우 파이팅! 이라고

* 2014. 7. 18. 고엽제 전우 만남의 날 헌시(잠실 실내체육관 낭송 : 안승춘 전우)
2014. 7. 31. 국방전우신문 8.15 전우뉴스 게재

소나기 소리

전우야 저 소리가 들리는가.
966포, 52포대에서 시간마다 울리던 포성이
지축을 흔들며 들리던 산 울음소리가
반세기가 지난 지금도 귓가에 맴도는데

전우야 저 소리가 들리는가.
적도의 땅 雨期에
콘세트 막사에서,
정글 속에서 듣던 빗소리

전우야 저소리가 들리는가.
바다가 큰 소리로 울고
정글이, 계곡이, 산천초목이 목 놓아 울 때
쓰러진 동료의 주검을 끌어안고 울던
전우의 울음소리

한번 떠나간 전우의 모습은 볼 수 없으나
간간히 들려오는 포성과
목 놓아 울던 전우의 울음소리가
세차게 내리는 저 소나기 소리 속에
지금도 오버랩 되어 들려온다.

우리들은 그렇게 월남에 갔었지

오음리와 춘천을 떠나
월남으로 향하는 기차는
군가와 울음을 가득 싣고
남으로 남으로 떠나면서
힘찬 군가 악을 쓰며 외쳐 댔었지.

기차가 서는 역(驛) 마다
엄마야 누나야 울며불며
눈물 한바가지 쏟아놓고
기적(汽笛)소리 뒤로하며 꺼이꺼이 목쉰 소리로
고향무정 찔레꽃 쉴 새 없이 불러 댔었지.

부산항 제3부두
어머니의 눈물은 태극기에 묻히고
무운(武運)을 비는 여학생들의 합창소리
꼭 살아서 돌아오라는 명(命)을 받아
난생 처음 보는 그 큰 배 속으로 빨려들 제
까마득한 선상(船上)위에 올라 다시 한 번
목이 메라 외쳐 댔었지 내 어머니여! 내 조국(祖國)이여!

뱃고동소리 요란히 울릴 제
목 놓아 우시던 어머니를 뒤로하고
언제다시 볼거나 기약 없는 내 산하(山河)여
슬픈 눈물과 한을 담은 에밀레 종소리여!
아 자유의 종, 승리의 종소리 염원하며
맹호야 백마야 부르며 월남을 향했었지.

십자성 바라보며 남지나해를 건너고
야자수 늘어진 바닷가에서
선린우방의 자유와 평화를 위해
생명 지켜줄 칼빈 움켜쥐고
배낭하나 달랑 메고 짐짝처럼 트럭 위에 실려
이름도 모르는 전쟁터로 향해 달려갔었지.

그 아무도 반겨주지 않는
불청객 이방인(異邦人)이 찾아간 전쟁터는
피아(彼我)를 구분 할 수 없는 정글과 늪지대
살아서 돌아가리라 마음속 다짐을 하며
갈고 닦은 전술 지휘관의 명에 따라

정글을 누비고 땅굴을 찾아 헤매었었지.

아! 그로부터 반세기
그대들이 흘린 피와 땀 눈물의 대가로
조국은 변하여 한강의 기적 이루고
세계 10대 경제대국에 들었건만
이 땅에서 서서히 잊혀져가는
월남참전 용사들 고엽제 전우들

그러나 노병(老兵)은 죽지 않는다
다만 사라질 뿐이라던 맥아더 장군의 말처럼
그때 그 날들을 결코 잊을 수 없나니
망가진 몸 끌어안고
힘들게 살다 사라져가는 고엽제전우들
지하에 잠든 전우들의 영령(英靈)을 어찌 잊으랴.

백발이 성성한 노병은
다시 한 번 외쳐 부른다 그날의 군가를
남북통일 이루는 날까지

나라의 안보와 그대들의 소중한 명예를 위하여
조국이여! 영령들이여!
사랑하는 전우들이여!
그대들은 이 나라의 진정한 영웅(英雄)이었노라고!

* 2015. 9. 1. 국방전우신문. 9.15 전우뉴스에 게재
2015. 동인지 '둥지 6호' 게재

월남에서 필자

고 채명신 사령관님 영전에!

오직 자유와 평화를 사랑한 당신은 평화의 사도였습니다.
장래가 보장된 교사생활과 공산당의 회유를 마다하고
약관의 22세 젊은 나이에 사선을 넘어 자유를 선택했습니다.

해방 후 자유의 땅 서울은 붉게 물든 혼돈의 땅이었습니다.
당신은 마치 동족상잔의 6.25 한국전쟁을 예견한 듯
국방경비대 사관학교를 택하여 군인의 길을 걸었습니다.

天佑神助, 하나님의 도우심과 백절불굴의 정신으로
게릴라전과 정규전에 이르기까지 가는 곳곳마다
백전백승 승리의 주역이자 전쟁의 神이 되었습니다.

타고난 기독정신과 골육지정의 부하사랑으로
누란의 위기 한국전쟁에서 나라를 구하고
월남전에서는 세계가 인정한 불후의 명장이었습니다.

맹호부대장과 주월한국군사령관으로 월남전에 참전한 당신은
한국군의 독자적인 작전 지휘권을 확보하고 전투에 임하여
국경 없는 전쟁에서 전무후무한 승리를 이룩하였습니다.

나라의 안위와 선린우방의 평화를 위해 참전했던 월남전에서
세계전사에 유례가 없는 중대전술기지 구축을 창안하고
전술책임지역을 평정하여 게릴라전의 명수로 거듭났습니다.

영웅의 뒤안길에서 질시와 모함, 고난의 가시밭에서도
위대한 조국건설을 위하여 의연히 대처하시고
오로지 나라사랑을 평생의 업으로 여기었습니다.

8평의 장군묘역을 마다하시고 1평의 사병묘역을 택하신 당신은
월남전 참전 전우 우리 모두는 영원히 잊지 못할 것입니다
채명신 사령관님 사랑합니다 명복을 빕니다.
남북통일이 이루어지는 그날까지 편히 쉬소서 위대한 영웅이시어!

* 2014. 12. 15. 전우뉴스 게재
2015. 11. 25. 2주기 헌시 낭송

저 태양을 보라!

(을미년 새해 라이온스클럽 시무식 헌시)

東海에 떠오르는 저 붉은 太陽을 보라
영겁의 세월을 지나는 동안 한결같은 열과
세상 어두운 곳을 밝혀주는 그 숭고한 빛
열과 빛을 발함에 언제 노함이 있더냐
그 언제 댓가를 바라더냐.

밤에는 달과 별을 통하여 빛을 발하고
어둠 속에서 헤매는 이들에게 밝은 빛으로
낮에는 희망을 잃어버린 자들에게 희망으로
세상 온갖 만물에 지고지순한 생명을 부여함에
그 언제 큰소리치며 자랑하더냐.

하루 24시간 일 년 열두 달
먹구름이 가로막고 폭풍우 몰아쳐도
언제 그랬냐는 듯
또 다시 웃으며 빛을 발하는
저 밝은 태양을 바라보라.

354-A지구 獅子들이여!!
저들의 신음소리를 듣는가.
삶에 지친 가난한 영혼
부모 잃은 소년소녀가장들
희귀 난치병으로 고통당하는 이들

끝없는 전쟁 속에 기아(飢餓)와 질병으로
절망 속에 허덕이며 신음하는 자들을 찾아
우리 모두 함께 울고 함께 웃으며 헌신을 다하자.
자유와 평화의 깃발이 휘날릴 때까지
이는 우리들이 해야 할 사명이 아니겠는가.

글로벌 시대 세계를 하나로 품고
더 낮고 더 어두운 곳을 찾아
우리의 신명을 다하여
태양처럼 말없이 봉사하자.
온누리에 아름다운
희망의 송가가 울릴 때까지……

고고한 한 마리 鶴처럼 창공을 날자!

(2015-2016 각 클럽 4역 및 지구임원 연수회 헌시)

354-A지구 獅子들이여!
고고한 한 마리 鶴처럼 창공을 날자.
이들이 모여 고도 8천 미터의 히말라야 영봉을 넘는 것처럼
우리도 이처럼 한반도 위에서 평화를 노래하고 통일을
가꾸어 나가자.

서울의 1,200만 시민 중에 선택받은 이들이여!
변화와 화합을 통한 새로운 도약으로
도약을 통한 행복한 봉사를 우리 함께 이어 나가자.
어두운 곳에 환한 달빛처럼 아름다운 꽃들이 필 때까지

354-A지구 총재님의 로고(달항아리)처럼
달항아리가 갖는 의미를 우리 가슴에 새겨 담아
풍요와 넉넉함이 지구촌 구석구석까지 스며들 때에
봉사하는 기쁨으로 우리 모두는 행복한 사자들이 될 것이다.

354-A지구 獅子들이여!
한 줌의 모래알은 움켜질수록 빠져나가지만
팀워크를 중시하는 학처럼 모든 사자들이 굳게 뭉쳐
생명의 존엄성을 지키고 변화와 화합을 발판으로 크게
도약을 하자.

354-A지구 獅子들이여!
고고한 한 마리 鶴처럼 창공을 날자!
외치자! WE SERVE!
크게 외치자 WE SERVE!

사진 : 니산 박영완 작

애도사(哀悼辭)

세월호 사고 희생자 여러분의 영전에 삼가 명복을 빕니다.

2014년 4월 16일
이 날은 청천벽력(青天霹靂)이 내리친 날이었습니다.
마른하늘에 날벼락인들 이만 하겠습니까
벚꽃 만발한 남쪽을 찾아 떠났던 세월호가
진도 앞바다 맹골수도에서
어처구니없는 사고를 당한 날이었습니다.

온 나라가, 온 세계가 한 마음으로 빌고 빌었건만
끝내 돌아오지 못한 영령들이시어
차갑고 캄캄한 물속에서
얼마나 외로웠습니까
얼마나 무서웠습니까
구원의 손길, 생명의 밧줄을 기다리다
생명줄을 놓아야 했던
이처럼 참담한 사고가 또 어디에 있겠습니까.

아직 피어보지 못한
꽃봉오리 같은 단원고등학교 학생들이여
즐거운 수학여행이 죽음의 길이 될 줄이야.

다시는 아픔이 없고
다시는 죽음이 없는 평화로운 하늘나라에서
부디 평안한 쉼을 얻기를 기도합니다.

제자들을 한명이라도 더 구하려다
승객들의 안전을 지키려다 자신의 생명까지도 내어 던진
선생님과 승무원들의 살신성인(殺身成仁)
그 고귀(高貴)한 희생정신(犧牲精神) 잊지 않겠습니다.
천하보다 귀한 생명을 내려놓은
의인(義人)들의 값진 희생을 무엇으로 보답하겠습니까.

대통령이 흘린 눈물이
이 나라 국민 모두의 눈물입니다.
미안합니다, 죄송합니다.
다시는 이런 일들이 일어나지 않도록
나보다 남을 먼저 생각하고
양보와 배려의 미덕을 갖도록
참마음 정신으로 돌아가야 하겠습니다.

2014년 4월 16일 이 날을 기점으로
이제 안전불감증의 종을 쳐야겠습니다.
무한연대 책임감으로 흘린 눈물이
마지막 눈물이 되어야 하겠습니다.
희생자 여러분의 죽음이 헛되지 않도록
사회곳곳에 만연한 물질만능주의와
권력지향주의를 타파해야겠습니다.

애간장이 다 타들어가고
슬프다 못해 눈물마저 말라버린 지 오래
기다려도 소식 없고 불러도 대답 없는 팽목항에서
무심한 파도소리만 들리는 바닷가에서
하염없이 기다리고 있는 실종자 가족들과
아직도 믿기지 않는 현실 앞에서
슬픔의 눈물을 흘리고 있는 유가족 여러분에게
신의 위로와 가호가 함께 하시길 기도합니다.

이제 300여명의 희생을 잊지 말아야합니다.
우리는 슬픔을 딛고 일어서야 합니다.
언제까지나 내 탓 네 탓만 할 수도 없습니다.
제2 제3의 세월호가 나타나지 않도록
우리 모두는 새로운 각오와 다짐을 할 때입니다.
세월호 사고 희생자 여러분의 명복을 빌며
다시 한 번 희생자 가족 여러분께
심심한 사과와 위로의 말씀을 전합니다.

2014. 4. 16 세월호

유라굴로의 광풍이 진도 앞바다를 덮친 그날
멜리데섬의 기적은 일어나지 않았습니다.
사공들이 도망을 쳐도 말리는 군사,
바울같은 지도자가 없었기 때문입니다.

요셉을 죽음의 웅덩이에 빠뜨린 형들처럼
맹골수도에 빠진 영혼들을 건지려는 의지보다
백부장같은 패거리들만 있었기에
304명의 생명은 救援의 餘望이 사라졌습니다.

수많은 의인들과 잠수부들의 노력에도
끝내 돌아오지 못한 아홉 명의 주검은 찾지 못한 체
엘루마같은 거짓 마술사가 판을 치고
네 탓만 찾고 내 탓을 잊었기 때문이었습니다.

그 후 1년
아직도 끝나지 않은 맹골수도에 빠진 세월호여!
희생자에 대한 애도보다 잿밥에 눈먼 이들이여!
세월호에 빠져 허우적대며 미망에 갇힌 이들이여!

이제는 그만 그들의 영혼이 쉼을 얻게 하라.

그들의 영혼이 훨훨 날아올라 자유롭게 하라.

* **유라굴로** : 신약성경 사도행전 27:14 에 나오는 광풍
멜리데 : 신약성경 사도행전 28:1
백부장 : 신약성경 사도행전 27:11
엘루마 : 신약성경 사도행전 13:6~8

축사

시집 출판의 소식을 듣고

배재대학교 (前)총장 **이 성 근** 박사

산곡선생이 시집을 발간한다는 소식을 듣고 먼저 축하의 말씀을 전합니다. 내가 알고 있는 그는 다재다능한 것은 알고 있었지만 시까지 쓰리라고는 생각하지 못했는데 언젠가 만났을 때 시를 쓴다며 시집이 엮이면 축사를 부탁한다는 말을 들었지만 이렇게 빨리 시집이 만들어질 줄은 몰랐습니다.

교회에서 가끔 만날 때나 또 이런 저런 일로 대학에서나 사무실에서 만날 때에도 문학에 대한 이야기나 시작(詩作)에 대한 언급이 없었는데, 시집을 들고 와서 펴 보는 순간 남다른 재능을 타고난 사람이구나 하는 느낌을 받았습니다.

그의 모든 일에 열정적이고 노력하는 평소의 모습과 아름다운 내면의 모습을 보는 듯 하였으며 소시민적이고 꾸밈없는 그의 성격이 잘 드러난 시어들을 구상한 것을 보고 참으로 감동적이었습니다.

30여년 한결같은 밝은 모습이 하루아침에 이루어진 것이 아니라 이처럼 밝고 따뜻한 내면적 깊은 신앙심과 정신적 토양 위에서 나타난 것임을 그의 시를 통하여 엿볼 수 있었습니다.

그의 시를 읽을 때마다 70이 넘은 사람의 무한한 가족 사랑과 자연을 노래하는 열정을 보며 인생70고래회는 옛말임을 알게 했습니다.

다시 한 번 축하말씀을 전하면서 앞으로 더욱 정진하여 좋은 작품 쓰시길 기대해봅니다.

축사

시집 출간을 축하하며

서초중앙교회 담임목사 **조 세 제**

산곡선생의 시집 '나는 바람이었습니다' 출간을 축하합니다. 나뿐 아니라 산곡선생을 알고 있는 많은 사람들이 이 시집을 받아들면 박영택이 시집을? 하고 놀랄 사람들이 많이 있을 것입니다. 아니 졸도하실 지도 몰라요! 산곡선생을 알게 된지도 어언 26년이란 세월이 지났습니다. 긴 시간들을 같이 지내면서 느낀 것은 '재주가 너무 많다'는 것입니다. 저는 그에게 몇 번이나 같은 말을 했습니다. '옛 말에 재주가 많으면 못산다'는데, 내심 한 가지만 열심히 했으면 하는 안타까운 제 마음의 표현이기도 하였지요. 그런데 몇 년 전부터는 시를 쓴다고 하고, 이제 시집을 펴낸다고 하시니 놀라운 일이요, 축하하지 않을 수 없는 일입니다.

언제부터 시를 썼는지는 모르지만 예순이 훨씬 지나 시작(詩作) 한다는 것이 가히 쉬운 일이 아님이 틀림없습니다. 그런데 그냥 한 두 편이 아니라 문단에 등단을 하고 끊임없이 쓰고 다듬어 시집을 출간한다니 전문가도 아닌 사람이 감히 언급하기 어렵지만, 그의 시는 긴 세월, 많은 일들을 경험한 인생의 제련 품이다 하고 싶습니다. 다져지고 다져진 그의 속마음을 들여다보는 듯합니다. 그러면서도 아주 평이한 표현으로 우리에게 그의 속마음을 전해줍니다. 무엇보다 나는 그의 교회 목사로서 깊은 신앙심의 표현으로 시를 사용하고 있음을 감탄합니다. 그리고 이것이 많은 다른 사람들에게 큰 울림이 되기를 바라는 것입니다.

산곡선생의 이런 열정적 활동에 감동하여 감사를 드립니다. 왜냐하면 나도 은퇴를 코앞에 둔 목사로서 은퇴 후의 활동에 대하여 염려하고 있기 때문입니다. 당신 같은 열정과 노력이라면 무얼 못하겠으며, 무엇을 두려워하겠습니까! 당신의 그 숨결이 시를 통하여 많은 사람들에게 힘과 용기가 될 것입니다. 다시 한 번 축하합니다. 당신의 새로운 또 하나의 모습을 보여주시니 감사하며 다시 한 번 우리를 놀라게 해주십시오. 내가 할 수 있는 유일한 일, 당신을 위하여 기도합니다.

서평

산곡 시집을 축하하며

문학박사 **간 복 균** (평론가/수필가)
전 강남대학교 국문과 교수

시인 산곡 박영택의 작품을 대하는 순간 '타고난 시인이구나!' 하는 생각이 든다. 시의 형식이나 원형을 떠나 문장을 구성하기도 전에 우선 가슴에서 우러나는 심령의 언어가 토설(吐說)되었음을 느낀다. 형식을 떠나고 수사와 기교를 의식하지 않은 순수의 언어에는 잠재된 그의 의식과 영혼이 어우러진 울부짖음이 그의 시를 읽는 독자의 가슴을 적신다.

산곡선생은 이제껏 가슴에 묻어둔 다듬어지지 않은 원석(原石)의 보석 같은 화려하고 아름다운 색깔의 원어와 투명하고 맑디맑은 수정 같은 순수의 시어를 아니, 때로는 가슴에서 불길처럼 타오르는 시상(詩想)과 시심(詩心)을

거침없이 즉흥적으로, 어떤 작품에는 노래하듯이, 어느 작품에서는, 울부짖듯이 파노라마처럼 펼치며 노래했다.

무당들은 신(神)이 내리면 온 몸이 아프고 쑤셔서 배길 수 없이 중한 몸살을 앓는다고 한다. 산곡 선생이 70평생 가슴에 묻어둔 자신의 영혼을 이제야 神 내린 무당처럼 허공을 향해, 아니 자신이 존재한 공간과 주위를 향해 푸념처럼 노래한 것이 아닌가 한

다. 아마 이제까지는 그렇게 하고 싶어도 자신이 멋쩍어서, 용기가 나지 않아서, 아니면 남들의 시선을 의식해 벙어리 냉가슴 앓듯이 지내오지 않았을까 하는 생각마저 든다. 대기만성(大器晩成)이란 말이 있듯이, 서양 속담에 '늦게 피는 꽃이 더욱 아름답다'고 한다. 지는 태양의 황혼 빛은 찬란하리만치 더욱 아름답지 않은가?! 늙으면 누구나 감성도 둔해지고 영감도 흐려지기 마련인데 산곡선생은 이순(耳順)을 지나 종심(從心)의 나이에 종심소욕(從心所欲)이 발동하여 이백(李白)처럼 "달아 달아 밝은 달아……"를 읊고 노래했나보다.

일상적 언어의 입을 거치지 않고 간사한 혀를 굴리지 않고 영혼의 필(筆)을 타고 춤추어 산곡의 시집에 펼쳐진다. 그래서 그의 시는 아주 짧은 축약된 정서와 함축된 시어 속에 절제된 감정이 있는가 하면 우리의 민족정서에 젖어들어 자연과 낙원사상을 노래하듯이 본 대로 느낀 대로 고운 말, 기품 있는 정조(情調)로 노래했고 때로는 하나님과의 영성의 대화로 시를 읊었다.

산곡선생과 30여년을 가까운 지인으로 지낸 나로서는 누구에게 시작(詩作)에 대한 지도를 받은 것 같지는 않다. 그렇다고 문학을 전공한 적이 있는 것은 더더욱 아니다. 그런데도 기성시인처럼 훌륭한 작품을 쓰다니 아아 내가 모르는 산곡선생 혼자만의 많은 습작(習作)의 노력이 있었나?! 아니면 시에 대한 타고난 천부적인 시재(詩才)가 있었나?! 모를 일이다! 그래서 더욱 호기심에 산곡선생의 훌륭한 시를 한 번 더 읽게 되고, 명작시를 써주시길 바라며 또 그렇게 되기를 기대해본다.